簡單心理

著

簡單心理
向內看見

目錄
Contents

Chapter 2 認識原生家庭：彌合自己

Chapter 3 撥開人際關係中的迷霧：陷阱與遊戲

Chapter 4 性別認知與親密關係

序

　　心理諮詢中常提到一個關於如何「愛自己」的概念。至於一個人究竟如何才算是「愛自己」，似乎既沒有標準的答案，又不免覺得「愛自己」在我們的文化背景下容易被理解為自私自利。放眼望去人們只願意討論為他人付出和奉獻；向內看見自己、愛自己這件事情顯得尤為困難。

　　要談如何愛自己，首先要理解一個人的「自我」是如何形成的。英國精神分析師唐納德‧溫尼科特（Donald Winnicott）有一個非常動人的、對於一個人是如何形成的描述。大意是說，我們從出生開始，就不斷地和外界建立關係，不斷地在關係中形成對於自我和他人的認識——「整合自我」：我們先是和主要養育者建立關係，在關係中照見自己的樣子，形成對於他人的看法和期待；然後我們逐步和家中其他養育者、更大的家族建立關係，在這個過程中我們將形成更複雜的對於自我和他人的認識；然後我們進入學校、集體、社會。我們不斷在成長的各種關係中，重新理解和定義自我，並且形成對於他人、世界的認識和想像。

　　可是沒有任何一段關係是完美的。母親父親都是有缺憾的普通人，家庭總有它作為小團體的創傷，在學校和集體中總有你必須要適應的文化和被壓抑的欲望和表達——而至於人類作為一個族群本身，每當形成一個群體、一個團體，它不免有各種各樣的

團體動力出現：有人霸凌，有人付出，有人替罪，有人隱身不見。我們是在各種各樣不完美的關係中摸爬滾打，慢慢長大，面對自我的疼痛和對於他人和世界的失望，不停歇地、倔強地從中長出枝椏。

　　幾年前專業編輯找到我說，希望我們能講一講如何愛自己這件事，是不是一個人學會了向內看見自己、愛自己，就能保持心理健康？於是我們在溫尼科特這個詩意的描述之上，沿著人出生後與世界建立關係的脈絡，延展了理解自己、理解家庭、理解人際關係、理解性別和親密關係這四條線路，編輯了這本書。我們沒有選擇常見的角度，但選擇了人們常在心理諮詢室裡討論的困境和痛苦感來切入，在每個議題上，我們討論它們是什麼、為什麼、怎麼辦。

　　你能從中讀到常見的高敏感、低自尊、負面幻想、自我苛責——這些都是人們在成長過程中，當環境沒有給予我們足夠多的抱持和接納，我們自然會生長出的針對自我的利劍。當它們帶來的疼痛感足夠強烈，就會使人不得不發展出自己的防禦方式——有一些被我們定義為「心理症狀」。這本書也會帶你去認識常見的抑鬱、焦慮、進食障礙等等。然後你會讀到家庭：家庭中常見的那些帶來創傷的行為，以及如何去彌合和修復。更進一步，你將讀到人是如何在一個團體中生存的——為何你會討好他人，為何有人容易變成代罪羔羊，以及如何避免在和他人的關係中陷入耗竭。最後是隱秘的關於性和性別，以及親密關係中如何去愛。至於我們將它放在最後，是因為只有當我們的心智發展到一定的

階段，我們才能開始將自己的注意力從滿足外在期待之上，轉回到真正關注和理解自己，允許多樣性和不同。正是人們之間彼此的理解、相互的善意和擁有愛的能力，使我們能夠作為一個集體、一個族群生存下來，並反哺每個個體以安全的環境，使我們能夠充分生長。

你看，愛從來不是簡單的事情，我們可以起始於向內看見。我們很有幸一起編輯了這本書，希望它能帶給你幫助；也希望你在生活中被好好愛過，遇到高興的事情可以感到高興，遇到困難的事情有人和事物可以依靠——也希望這本書可以在任何你遇到困難的時刻幫到你，哪怕給你一丁點的依託和支持。

感謝 E+、Milo、阿藍、陳一格、車孟卓、方翊、高夢琪、高文潔、顧麗、寒冰、何質文、胡悠悠、江湖邊、啦啦啦、梁娟、李歪歪、李文瑾、喵魚、沕沕、石宇宙、丸子、吳楊盈薈、小元、熊、西京、張菁宸、張珺卿、鄭彥飛（依首字拼音字母為序）對本書的辛勤付出。

Chapter 1　認識你自己：裂隙中的珍寶

「親愛的，我到底怎麼了？」

第一章　成長中的傷疤與困境

看 似 不 是 病 ， 卻 要 我 的 命

　　你有時可能會發現，很難喜歡自己——不是一般的「不自戀」，而是過度反思，極度厭惡，深陷負面幻想的陷阱中；或者生命不息，「拖延」不止，卻不知如何改變；或是在自我認知的層面立場不堅定，高敏感、低自尊等問題，使得情緒如過山車般忽高忽低。

　　在這一章中，我們將聚焦自我厭惡、負面幻想、拖延、高敏感、低自尊等幾個方面，並與你一起探討應對這些困境的方法。

高敏感人群：敏感不是我的錯

我的朋友琳達，做電影評論很多年。她有個特異功能：看到覺得不好的電影會渾身不舒服，甚至發暈、感冒，之後這個片子的最終票房也往往會塌陷。每次媒體試映會結束，片方都緊張兮兮地盯著她：「老師，身體怎麼樣啊？」

我每次都覺得驚奇不已：這是通靈？還是老天爺賞飯吃？直到我在「HSP特質人群」文獻中看到一個極端案例：被試者說，難聽的音樂會讓他有生理反應——比如嘔吐。我立刻想起了琳達，讓她趕緊看看自己是不是HSP（Highly Sensitive Person，高敏感人群）。

比如說，這裡有14種高敏感人群的常見表現：

1. 對聲音／氣味／味道等異常敏感，警笛聲或施工噪音可能「會讓你有釘子砸頭的感覺」。擁擠的人群、強烈的氣味都可能會讓你特別不舒服。

2. 具有很高的「驚嚇反射」，容易被一點聲音／偷襲嚇到，因此懷疑自己「神經衰弱」。

3. 常被誤解。被大人評價為「害羞、內向」，被人指責為「神經質、想太多」。

4. 像一塊情緒海綿，傾向於「吸收、共情」他人的感覺，並常常因此精疲力竭；很怕疼，對咖啡因等中樞刺激成分敏感。

5. 洞察力強，擅長發現別人可能忽略的微妙之處，比如表情、肢體語言等。

6. 需要大量時間獨處。在漫長的一天結束後，你需要自己待在安靜的房間，降低刺激，為自己重新充電。

7. 十分迴避衝突。當親密關係出現緊張或分歧時，你傾向於迴避，甚至可能在衝突中感到身體不適。

8. 你想得很深。習慣對資訊進行深度加工處理，並對自己的經歷進行大量反思（比其他人更多），同時也容易進行過度的消極思考。

9. 不喜歡任何形式的暴力和殘忍場面，哪怕是在藝術作品中。

10. 容易沉浸於電影等藝術品，並深深地受到打動。

11. 肚子餓的時候會變得易怒，出現較大情緒波動。

12. 有豐富的內心世界。你可能有幾個想像中的朋友，喜歡幻想、做白日夢。

13. 你在一天中建立了很多小的 routine（日常秩序），因為熟悉的東西會帶來舒適感。

14. 有時候，批評對你來說就像一把利刃。別人的評價用詞非常重要，消極情緒似乎影響你更深。

什麼是「高敏感人群」

「高敏感人群（HSP）」不是一種疾病或狀態，而是一種比較穩定和持久的人格特徵，在學術界也被稱為「感覺加工敏感（Sensory Processing Sensitivity，SPS）」。

研究顯示，高敏感人群在整體人群中的比例大約是 20%。男女分布差不多——但在調查中男性更不願意承認，因為社會文化讓高敏感男性背負更多偏見。它也不能簡單地用內向來概括，因為約 30% 的高敏感人群在外向性上的得分也很高。

1997 年，心理學家伊萊恩·阿倫（Elaine Aron）博士最早提出了高敏感人群這一概念。

她和同事們用「DOES」總結了高敏感者的一般共性：

1. 深度加工資訊（Depth of processing）。

傑蒂佳·賈吉略維奇（Jadzia Jagiellowicz）的研究發現，高敏感人群更多地使用大腦中與「更深層次」資訊處理相關的部分

（尤其是涉及細微差別的任務）。

比安卡·阿塞韋多（Bianca Acevedo）的腦成像研究表明，高敏感人群大腦中的「腦島」區域更為活躍。腦島被稱為「意識之地」，它整合了對內部狀態、情緒、身體位置和外部事件的即時了解。

2. 易過度刺激（Overstimulation）。

高敏感人群易受到過度刺激（包括社會刺激）的壓力。因此在吸取教訓後，他們會比其他人更傾向於避免緊張的狀況。

3. 對積極、消極事物都有更大反應（ Emotional responsibility/ empathy）。

當看到任何類型的表情強烈的照片時，高敏感者的大腦啟動都比非高敏感者更強──不光是消極情緒，高敏感人群對於積極情緒的反應也更為強烈。比如好奇心、對成功的期待、對某件事的愉快渴望、快樂和滿足感。

4. 感知細微之處（ Sensitive to subtleties）。

許多研究者認為，這是高敏感特質的核心。他們往往會注意到別人錯過的一些小事，因為他們的感官加工敏感性強。區別於感官本身靈敏（畢竟有些高敏感者的視力聽力都挺差的），這個特質更強調的部分是「加工」。

高敏感的特質已經被多項科學研究所證實。對高敏感人群的腦掃描研究顯示，他們的神經活動與非高敏感者不太一樣：高敏感人群更具同情心，更關注自己的環境，也更關注來自親密朋友和伴侶的社會線索。當他們的大腦被壓得喘不過氣來時，他們也更需要從社交互動或刺激中退出。

這種特性有其缺點。過多的刺激會讓高敏感者很心累，因為易受他人情緒影響，他們也因此要承受更多傷害或冒犯，比如被誤解為焦慮、挑剔，甚至是人格缺陷 ── 他們生來就有的人格特質，成了道德審判的對象。

然而，高敏感同樣是一種力量。

更敏銳地感受和加工情緒線索，讓高敏感人群對他人的同理

心更強，對事情的思考也更為深入。研究發現，這種特質也與工作中的高績效行為相關，比如盡責、同理心、忠誠和勤奮。

研究還發現，高敏感人群可以更優秀地處理自己的感覺和反應。

2015 年 3 月，《個性與個體差異》雜誌對 166 名有抑鬱傾向的英國女孩進行了一項調查。她們在 12 週內接受心理健康教育，但結果顯示，只有其中的高敏感者的抑鬱症狀減輕。研究者認為，這可能是因為越敏感的人越容易將所學知識內化並加以應用。

是什麼導致了高敏感特質的形成

1.高敏感是一種遺傳的人格特質。

影響人格的基因有數百種，這些基因也與環境相互作用。雖然科學家們還未闡明所有與之相關的基因，但研究表明可能與 5- 羥色胺轉運體基因有關。

2.「情感忽視」的童年環境也可能起到一定的作用。有證據表明，人的早期經歷可能對與敏感性相關的基因產生表觀遺傳效應。研究發現，兒童期的「情感忽視」對一個高敏感的孩子影響更大。

在情感忽視家庭中，父母不對孩子的情感需求進行足夠的確認和回應，或是被動地或主動地阻止任何情感的流露。對孩子來說，這可能是一種「困惑、情緒被忽視，甚至受挫」的感覺。久而久之，他們學習到的教訓是：

• 你的感覺是看不見的，是負擔，它無關緊要。

- 你的願望和需要不重要。

- 向他人求助不是一種選擇。

有些高敏感兒童，甚至因為做事周到、內心豐富而被指責和嘲笑是弱者、慢者。

當一個孩子天性深思熟慮、感情強烈，他對教訓的感覺也將更為深刻──更糟糕的是，他可能在長大後在內心深處對自我感到羞恥，產生自我否定感。

3. 高敏感人群所具備的「差異易感性」。最近的研究發現了高敏感人群的環境敏感性特徵。有心理學家認為：

- 與消極經歷的互動，會增加高敏感人群罹患精神病的風險。

- 與積極經驗（包括干預措施）互動，可增加高敏感者的積極成果。

也就是說，在惡劣的環境中，高敏感者可能比別人做得更糟；但在良好的環境中，他們可以比別人做得更好。研究認為，高敏感者的能力和對能力的信心可能有很大的差異。這取決於他們是在一個有壓力、沒有支持的環境中成長，還是在一個非常好的環境中成長。但從研究者的經驗上看，「許多高敏感者的自尊心較低，這會影響他們的創造力表達和智力表達」。

作為一名高敏感者，如何提高自己的幸福感

許多人在第一次知道自己是高敏感者後，會產生「巨大的陷阱感」。

因為他們可能多年來為了迎合大環境的標準，做了很多別人期待、卻不符合自己特質的事，並把自己的敏感、退縮和疲倦歸咎於軟弱，不斷進行內耗和自我攻擊。

緊接著他們的第二個問題就是：好的，我知道自己是高敏感者了，如何改善呢？

首先，高敏感是無法「克服」的，它必然意味著更多的謹慎和擔憂，以及對創傷、社會「失敗」或任何負面經歷的深刻反思。其次，雖然我們不能改變高敏感這個特質本身，但我們可以更好地適應它。

即便是一個不努力的高敏感者，時間也會幫你認清有關自我的真相。阿倫博士曾說：大多數高敏感人群都會隨著年齡增長發展出一套自己的應對機制。

一個 21 歲的高敏感者可能會因為朋友的勸說，不情願地進入嘈雜的夜店，此時的行為可能只是為了合群。但等到 41 歲時，他就知道應該怎樣從容應對了。

澳大利亞的一位學者曾對 12 名高度敏感、同時幸福得分也非常高的人進行定性研究。從他們的訪談內容中可以看到，高敏感者的幸福，也可以是一種通過努力而快速得到的結果。

1. 更清晰的自我認知，更深的自我關懷。

許多高敏感者在僅僅知道這個概念後，就已經大鬆一口氣。因為他們的「自我」得到了更精確的解釋，這促使人們進行更好的自我接納。他們在之後的生活中更放鬆了，更少進行自我攻擊，並把更多精力集中在目標實現上。

敘事研究發現，一個人的自我敘述身分的連貫性與更大的幸福感有關。

在這項實驗中，所有 12 名參與者都是因為這項研究才第一次知道什麼是高敏感人群。他們說，學習這項特質有益於他們的健康，並越來越能自我接受：

「它會提醒我多照顧自己。」

「讓我對自己更友善、更尊重，不會對自己太苛刻。」

「我學會了接受自己的這個特點，並感到更自在。」

「我現在知道，這一特徵是存在的，而且我並不孤單。」

要持續做到這一點，你可以：

（1）學習如何識別你的情緒，比如不加評判地進行情緒的記錄。

（2）知道痛苦的感覺，如焦慮、悲傷和不知所措都是暫時的。

（3）重新構建過去。你會認識到，很多「失敗」並不是真正的失敗，因為作為一個高敏感者，你在環境中被過度刺激，沒有人在過度刺激時會表現出色。

（4）管理自己過度思考的傾向。你可以使用一些自助認知行為治療工具，當無用的想法出現時，認識、命名並重構它們。你也可以尋求心理諮詢師的幫助；

（5）向親近的人描述高敏感這個特質。比如讓朋友、同事和家人知道，在嘈雜的環境中，你會變得過度興奮，「如果我中途出去自己待了一會兒，請不用擔心」。

（6）進行自我關懷的練習。比如有參與者提到：用對待我愛的人的方式對待自己；通過自言自語來善待自己（例如：這只是一段

暫時緊張的時間，沒事的，這會過去）；自我同情，不加評判，對自己保持中立。

（7）告訴自己可以改變。斯坦福大學的菲力浦・津巴多（Philip Zimbardo）教授做過一個實驗：讓害羞的人把他們的害羞歸因於過度刺激。結果發現，當他們這樣做時，他們就不會表現得害羞了。在過度刺激的社會情境中，高敏感者所產生的感覺可能被誤認為是害羞，即對社會判斷的恐懼。但當我們告訴自己這是因為高敏感人群的特質時，改變會發生。

2. 確定什麼樣的刺激會引發你的不適是很重要的。

（1）確保獨處的時間。所有 12 名受訪者都表示，經常性的獨處經歷是他們幸福的重要促成因素。

（2）有意識地選擇與誰共度時光。雖然高敏感者喜歡獨處，但他們也需要親密的支援性關係。幾位受訪者特別提到他們有一個小型的精選朋友圈，「我真的不太喜歡和人在一起，但我有一群親密的朋友，他們幫助我度過人生」。

（3）保持自己熱愛的日常。一位參與者說「每天我都會健身鍛鍊或者回家看書」；另一位參與者說「我晚上做手工藝，給自己一個小時，什麼都不想」。這些固定的日常，有助於你與自己待在一起，並充分體會放鬆。

（4）避免吵鬧的聚會、恐怖電影或令人不安的新聞來影響自己。

（5）進行溫和的運動，並在睡前給自己預留舒緩運動帶來刺激的時間。

鑒於很多高敏感者都有一點社交恐懼，另外有一個小建議：

如果你必須在生活中與人見面，高敏感者可以盡量選擇一個低刺激的環境，比如：安靜、無人、不太新奇、不太累等等，可以選擇一對一，或是熟人＋新人的組合。如果做得不夠盡善盡美也沒事，人們總有機會留下更好的第二印象。

3. 高敏感人群的幸福感，大多來自於「平靜、平和、放鬆」。找到屬於你的這些事。

著名心理學家漢斯・艾森克（Hans Eysenck）認為「在我們的社會裡，被稱為內向者並不是一件好事。幸福是一種叫作穩定外向的東西」。研究者們發現，許多測量幸福感所用的積極情緒語言 側重於高能量、高強度的積極情緒。這可能暗示低強度的積極情緒（如滿足感、平和、平靜）對幸福感的貢獻較小。但另一項研究顯示，高敏感參與者們個體幸福最重要的方面，來自於低強度的積極狀態（平靜、平和、放鬆），而非典型的高喚醒情緒。

一位參與者說，「對我來說，幸福感不是那麼旺盛，而是一種更加溫柔的滿足感，在我的空間裡和自己在一起時感覺舒服」。在這些受訪者的敘述中，幸福感的來源大多為：

- 需要一定獨處和停機時間。
- 學會如何調節自己的情緒和反應。
- 在工作、生活、社交和業務愛好上找到了平衡點。
- 找到了生活中的意義感。
- 知道何時需要幫助，並以有效的方式請求說明。
……

我們今天的社會，似乎不鼓勵人們過於敏感。擁有一種與現

有核心文化相逆的「先天特徵」，並不意味著高敏感者無法獲得幸福。

　　高敏感者，同樣可以在這個世界上茁壯成長。相信自我的價值是一種深層次的信念。你完全可以接受自己，讓自己的特質發揮到最佳的地方。

自我厭惡：關掉頭腦中指責的聲音

你在生活中會有這樣的體驗嗎？無論是在人際交往中，還是在工作中，總是注意到最糟糕的部分。大腦中像有個開關一樣，事情明明進展得相當順利，但只要在過程中產生失誤，就會觸發迴圈機制，只盯著自己產生失誤的幾個環節，不斷反芻，折磨自己。

「我一點都不喜歡我自己」，甚至認為「我就不應該出生」，這種對自己的負面評價從不停止。在自我厭惡面前，我們好像要用極大的努力才能證明自己的存在是有意義的，但這種努力，會隨時因為一件小事被自我厭惡否定掉。

如何愛惜自己，與自己和解，達到自洽，是一個漫長的過程，但並非不可改變。首先，將真正的自我與自己的認知所塑造出的那個討厭的自我分離開，我們必須知道，自我厭惡都有怎樣的表現？

什麼是自我厭惡

自我厭惡，顧名思義就是一個人覺得自己很不好，討厭自己，甚至憎恨自己。它不是簡單的對自己有負面的評價，而是一種較為深層的、指向自己整個人的厭惡。

具體而言，自我厭惡通常會有如下表現：

1. 全有或全無的陳述。你認為自己大部分的生活都會導致災

難。比如，「如果我這次考試不及格，我就會被大學退學，成為一個徹底的失敗者。」在工作中也只注意到最糟糕的部分，常常發出「我離被開除應該不遠了吧⋯⋯」這樣的感慨。

2. 只關注消極的方面。不管每天的生活有多美好，一旦發生了不愉快的事情，你的注意力就會集中到這些出問題的時刻上，揮之不去。甚至堅定地認為「如果硬要說自己擅長什麼，大概是發現自己的不足，和搞砸一切吧」。

3. 相信一種感覺是事實。明明只是一種自我認知，卻要把它上升為真理和事實。遇到問題時，「我覺得自己像個失敗者」這種感覺，被轉換成了「我就是個失敗者」這一事實，並不斷強化對這塑造出來的事實的信任。

4. 缺乏自尊。你覺得自己所有的地方都不好，在與他人的交往中，總是時不時地在內心譴責自己：「一說話就冷場，快閉嘴吧，不說話沒人把你當啞巴」或者「如果不是我在，他們會玩得更開心吧」。經常把「對不起」和「謝謝」掛在嘴邊，生怕一不小心就給別人添了麻煩。遇到喜歡的人，恨不得離對方越遠越好，而一旦對方對自己好一些，就害怕自己不值得。對於自我厭惡的人來說，似乎「孤獨一生」是人生常態，而「我不配」變成了戀愛主旋律。

自我厭惡是怎樣煉成的

自我厭惡並不是先天形成的一種心理狀態。換言之，沒有人天生討

厭自己。我們是在出生之後，從後來的經驗中習得了討厭自己這件事。那麼，自我厭惡究竟是如何形成的呢？

1.「他們都覺得我不好，我也這麼認為」。

社會心理學家喬治‧赫伯特‧米德（George Herbert Mead）在他的「鏡像自我理論」中提到，我們對於自身的認識最早都是來源於他人，尤其是一些「重要他人」，比如父母、老師等，我們會像照鏡子一樣從他們對我們的評價中認識到我們自己是一個什麼樣的人。而當我們收到的大多數評價都是「差評」的時候，人們就會內化這些負面評價，從而導致我們對自己的整體評價和態度都變得消極，逐步形成自我厭惡。

有些人的自我厭惡是先從思維方式的扭曲開始的。比如那些從小接受的教育是「遇到問題要先自我反思，要先從自己身上找原因」的人，在今後的生活中，遇到任何不順利的情況，就會自動認為一定是自己哪裡做得不對，是自己不好。

此外，自我厭惡也可能來源於養育者對我們身上某一特點的反覆否定。比如在以父權文化為主導的社會中，形容一個男人很「娘」「像個女孩兒」，幾乎等同於批評他「弱勢」「不夠強大」。於是，較為女性化的男性，可能就會討厭自己女性化的特質，進而發展出對於自己整個人的厭惡。因為很少有人會告訴他們，「這是沒關係的，和其他男孩有點不一樣的你，同樣也是值得被愛的。」

2.「夠格都很難，理想太遙遠」。

愛德華‧希金斯（Edward Higgins）在他的自我偏差理論中提出了三個自我：

- 實際自我，指我們實際的身體及心理狀態，也就是我們的現狀。
- 理想自我，指我們希望擁有的特質、對自己抱有的願景。
- 應該自我，即我們認為自己應該發展出來的特質或狀態。

理想自我是促使我們拚搏的動力，是希望與夢想的所在。但當人們意識到實際自我與理想自我之間差距太大的時候，會變得很沮喪，就像自己無論如何也無法獲得自己想要的東西一樣。那一刻，是我們最焦慮也最想放棄努力的時候，也很可能會對當下的自己產生厭惡之情。而另一方面，如果人們意識到實際自我與應該自我有一定差距時，我們則會更多地產生羞愧和自責，就好像我們連對自己最基本的要求都達不到，實在太差勁了。這種情況如果長時間持續，那麼自我厭惡也就是必然的結果了。

3.「用自我厭惡保護自己的脆弱」。

每個人的內心都有脆弱的一面，而接納這種脆弱是十分不易的。臨床心理學家約瑟夫·博戈（Joseph Burgo）認為，自我厭惡是一種應對自身脆弱的防禦機制。一方面，通過厭惡自己，我們可以對自己有更好的掌控感。每個人都可能被討厭，而當別人討厭我們時，這種被討厭的感覺就是不可控的、不確定的，在這樣的感覺面前，我們也更加脆弱。而此時，如果我們自己已經在他人之前厭惡自己了，這種被討厭的感覺就會變得可控而確定。甚至會有一種「我都這麼討厭自己了，別人討厭我也很正常」的想法在。另一方面，因為討厭自己，不認為自己值得任何好事，我們也規避了受到傷害、暴露自身脆弱的風險。這很像是太宰治所說的：「若能避開猛烈的狂喜，自然也不會有悲痛的來襲。」

另外，自我厭惡的人，常常會進行自我批評，就像是腦子裡有另外一個自己跑出來，以旁觀者的角度，對他們說著尖酸刻薄的話。在與來訪者的工作中，博戈博士發現，自我批評的背後，是人們隱藏在無意識中的憤怒，以及對於自身過高的期待。我們或許會拒絕接納自身的侷限，因為無法成為他人而憤怒，因為無法成為一個完整的、完美的人而憤怒，甚至輕視任何的不完美。為了抵禦這些感受，我們放任那個指責自己「不夠好」的聲音來攻擊我們，並且厭惡著現在這個不完美的自己。

如何擺脫自我厭惡

自我厭惡的人無法喜歡自己，也就難以善待自己。

對於他們來說，「別再和自己說貶低自己的話」「用肯定自己的話語替代自我批評「你要愛你自己啊」……這類建議很少有實際效果。他們內心掙扎著：「我就是討厭我自己啊，我能怎麼辦，我也很絕望啊」，甚至因為被告知應該愛自己，而更加討厭這個「討厭自己的自己」了。

但自我厭惡的狀態並不是完全無解的。不過在聽取我們的建議之前，你需要明確三個問題：

首先，你應當認識到，現在的你不太喜歡自己、討厭自己，這樣是可以的。既然無法喜歡自己、愛自己，那麼不如先不要著急去改變現狀。討厭自己的感覺很痛苦，但逼著自己立刻從自我厭惡到「愛自己」可能會適得其反。

其次，對自己的討厭，偶爾也可以動搖一下。你也許十分堅信對於自身的看法：「我就是個失敗者」「我一無是處」「都是我的錯」。不妨問問自己：我眼中的自己，真的就是全部的我嗎？有沒有可能，別人在說「你很可愛啊」「你真的沒有那麼糟」的時候，可能是看到了你很可愛但你自己卻沒發現的那部分呢？

最後，必須意識到，改變自我厭惡是一個長時間的拉鋸戰。冰凍三尺，非一日之寒，自我厭惡是我們從小就開始形成的對自己的一種情感和態度，並不是一朝一夕可以改變的事情。就好像前 20 多年你都是一個極端自卑的人，不可能突然在幾個月的時間裡就變成一個自信樂觀的人。

但或許你現在也正處於厭惡這個存在自我厭惡的自己的狀態中，所以想要快速改變也是另一種自我厭惡。那麼你能夠做些什麼呢？

1. 保持覺察。或許自我厭惡已經滲透進我們思維、情感、行動的方方面面中去了，很多時候它流露得那麼自然，我們都很難察覺。所以當你知道自己存在「自我厭惡」的傾向的時候，更重要的是，在日常生活中時時刻刻保持覺察，並意識到這樣的傾向可能給你當前在做的事情帶來的不利影響。

2. 改變思維。時不時在你討厭自己的時候，問一句：我眼中的自己，真的就是全部的我嗎？有時候我們對自己的評價可能並不是那麼中肯和合理，所以，可以通過挑戰自己那些自我評價過低的思維，來達到自我修正的目的。

3. 慶祝自己的每一點成長。每次一點點、一點點地搖晃一下自我厭

惡的信念，這樣所帶來的改變可能沒那麼快，但它卻更加可行。同時，每當我們多了一點自我覺察，或者矯正了自己當下的一個不合理的思維的時候，你都有理由誇獎一下自己。這不就是身體力行地在用自我肯定來代替自我厭惡嗎？

4. 求助於心理諮詢。如果以上的幾點你都做不到也沒關係，做到了一些但是遇到了瓶頸期也沒關係。重要的是不要因此而陷入新的自我厭惡中。自我成長和自我突破的路「道阻且長」，有時你只是需要專業人士的明。你可以選擇預約一位專業的心理諮詢師，專業的心理諮詢師會接納當前這個討厭自己的你，在安全的環境中，與你探討這份自我厭惡為你帶來的感受和體驗。

負面幻想：區分現實與幻想

前文提到的自我厭惡多是關注自己做得不好的地方，是一種對自我認知的錯位。

還有一些人，他們深陷負面幻想的折磨當中，對一件事的發展方向產生錯誤的認知，總認為將有可怕的事發生，但這些是長期焦慮和擔憂情緒所帶來的副作用，終究不是真實的。

如何擺脫這種令人厭煩的胡思亂想，重新恢復內心的平靜？我們首先要理解負面幻想產生的原因，再嘗試訓練自己按下正確的思維開關，慢慢引導自我區分感受和事實。

為何我們總是產生負面幻想

焦慮和擔憂是現代人最容易出現的情緒，不少人都被這類情緒纏身，無法解脫。

比如我的一位許久不見的老友，週末一見，發現她憔悴了不少，在與她的交談中，我能明顯地感受到她的擔憂，比如我們一起在餐廳吃飯的時候，她會突然想到自己工作中某一項任務好像沒有完成得很好，便開始想像老闆明天會怎麼罵她，越想越焦慮……又比如，看到電視上的護膚品的廣告時，突然就抱怨起了自己現在還沒交往對象，「人老珠黃」的自己會不會再也嫁不出去

了……甚至看到新聞裡某個地方地震的消息，她便擔心起人類的未來，世界末日會不會突然到來……

不知道你是否在我的這位朋友身上看到了自己的影子？這是一種叫作負面幻想的心理：總擔心所有事情都會向最壞的方向發展。

陷入負面幻想是一件非常折磨的事情。一方面，我們被大量的恐懼和焦慮所淹沒，另一方面心裡又總會響起許多自我指責的聲音：「為什麼你不能積極點自信點呢？」「為什麼你總是這麼懦弱呢？」焦慮和壓力消耗了我們大量的能量與精力，而僅剩的一部分能量還被我們拿來進行自我譴責，結果就極容易導致我們出現「神經衰弱」的症狀。

更糟糕的是，在人類本能的自我矯正傾向中，我們還容易陷入一種惡性循環：負面想法 →壓抑 →負面想法揮之不去 →加強壓抑→負面想法更加揮之不去。

心理學中有個「諷刺進程理論」，講的就是「當我們越是想壓抑某個念頭的時候，這個念頭越可能冒出來」。舉個例子，按照我說的去做：從現在開始千萬不要讓腦海裡出現一隻白色小貓咪，就是毛軟軟、肉乎乎的那種，千萬不要有。怎麼樣，看完這句話之後你做到了嗎？我想大部分人都不可避免地想到了一隻小白貓的形象。

很多時候，在我們陷入負面幻想時，第一反應就是強制自己不要這樣想了。我們可能在內心裡對自己怒吼道——「你能不能別瞎想了！」然而，這樣的做法並不一定有效果，越是這樣，往往越可能適得其反。

這個迴圈不但讓我們無法擺脫這些負面念頭，更會讓我們產生深深的挫敗感，讓我們覺得自己是一個徹頭徹尾的無能的人。

陷入負面幻想怎麼辦

刻意壓抑自己的想法，試圖透過自我批評來減少負面幻想，往往是不可靠的。有時放棄對抗反而是獲得改變的開始。畢竟，只有我們減少消耗在自我否認中的能量，我們才有力量獲得真正的改變。

認識到這一點，我們再為你介紹兩種思維策略，也許可以幫助你遠離負面幻想。

1. 不管你在想什麼，提醒自己「我可能又開始瞎想了」。有時，僅僅小聲嘟囔一句「我又開始瞎想了」，便可以很好地緩解負面幻想。當我們不再聚焦於自己想法的具體內容，而是簡單地把所有的這些想法貼上「瞎想」的標籤時，問題便會得到緩解。這時，我們終於從紛繁複雜的各種想法中跳脫出來，開始思考「我到底在想什麼」，開始對思考的方式、產生這種思考的原因有所反思。

在這個過程中，我們從被負面想法壓迫的奴隸，搖身一變，變成了可以對它指指點點的上司。這時，我們才有可能從中發現自己不斷產生負面幻想的深層次原因，才能對自己擁有更加深刻的理解。

2. 區分感受和事實。

「長官肯定覺得我的方案爛透了，不僅如此，他還會覺得我是個沒想法也不努力的人……我肯定在這家公司待不下去了，是不是要準備回家了？爸媽會覺得非常丟人的，天啊，讓爸媽傷心的話我就太不孝順了……」

當我們陷入負面幻想的時候，可能發生的「壞事情」會不斷地跳入我們的腦海，讓我們越發焦慮和惶恐。我們擔心事情發展導致的一連串後果，擔心別人對我們的評價和看法。但這個時候我們卻很難意識到一件事：所有這一切都只是自己的想法，是猜測，而非事實。如果此時我們拿出紙筆，認真地列出來事情可能發生的證據，和事情不會發生的證據，我們便能發現對於結果的恐慌其實讓自己高估了事情發生的可能性，而這種過高的估計又引發了更多的恐慌。

能夠正確地區分「感受」和「事實」是一種非常重要的能力。在心理學上有一種思維模式被稱為「情緒化推理」，指的就是這種將想法和事實混為一談的思維模式。在這種思維模式下，我們會忽略理性的規律，用不斷變化的情緒來認知這個世界，這會阻礙我們客觀而真實地看待問題。

上述兩種方法是心理學中認知行為療法裡的重要方法。但是對於難以靜下心來、難以做到理性思考的人來說，可能需要先讓自己放鬆下來。此時，你可以先嘗試以下兩種放鬆的方法：

1. 漸進式肌肉放鬆法。

許多人在陷入負面腦洞的時候，會處在一種極端的恐懼和焦慮中，甚至身體都在緊繃的狀態裡。這時我們並沒有任何能力來進行反思和改變，讓自己放鬆下來才是最為迫切的事情。漸進性肌肉放鬆法可以讓人迅速放鬆下來。它是在一個安靜的空間去逐步放鬆自己的肌肉群的訓練方式。

首先你需要選擇一個特定的肌肉群，一般我們會從頭到腳依次選取。讓這個肌肉群（比如從臉部開始）緊張起來，持續五秒。然後，在五秒鐘後迅速地放鬆該肌肉群，在緩慢呼氣的同時去體會剛剛緊張和放鬆的不同感受。在保持這種放鬆狀態 15 秒之後，轉移到下一個肌肉群（比如換肩膀試試），去重複「緊張 - 放鬆」的迴圈。等你用這樣的方式放鬆了所有的肌肉群之後，你便會感到一種非常鬆弛的放鬆感。這種放鬆感，可以從身體延伸到情緒。

2. 寫下屬於自己的「超預期」清單。

經常擁有負面腦洞的人總會習慣在事情發生前想像出所有最壞的可能，這將有助於他們做好萬全的準備，不過，有時這也意味著他們承擔著更多的壓力和擔憂。想要改變這種思維方式並不容易。此時，一份「超預期」清單或許可以用來提醒自己：世界經常比我們想像的要溫柔許多。

你可以找一個本子，記下那些結果遠比自己當時的預期要好得多的事情。譬如：「我去年一直沒買車票，以為自己要回不了家了，沒想到在過年的前一天搶到了票」「我上次本來以為無論如何都趕不完報告的，沒想到最後幾天小宇宙爆發，甚至還提前了半天完成」。親筆寫下這些故事，會讓你慢慢相信一件事情：即使我

們看到了各種可能發生的最壞情境，也不需要過分煩惱，因為很有可能它們並不會發生。

　　在日常生活中，負面思維也並不總是給我們帶來壞的影響。有時候，它會幫助我們提前為最壞的可能結果做好心理準備，避開一些不必要的麻煩。只是，當這些負面幻想不僅無助於我們做好準備，反而引發我們極大的焦慮恐懼，干擾我們正常的生活的時候——這就是一種折磨，需要進行干預了。

終極指南：別讓拖延毀了你的人生

　　我們生活在一個急匆匆的時代裡，在一個效率主義至上的社會中，所有人都要求我們在最短的時間內，高品質完成最多的工作，但實際上，時間短、品質高、完成度高三者構成了一個不可能三角。更何況還有「拖延」這只攔路虎，時不時出現，擾亂我們的工作步伐。

　　拖延，到底是怎樣產生的？它又真的一無是處嗎？有沒有一些行之有效的辦法，能讓我們與拖延症和平共處呢？

大多數拖延的本質是焦慮

- 「如果我最後沒做好會怎麼樣？」
- 「如果最後沒有得到想要的結果，那我現在努力有什麼意義」
- 「比起最後失敗，還不如現在就放棄。」
- 「如果別人發現我其實沒有那麼厲害該怎麼辦？」

　　這些想法對於經常拖延的我們來說是不是很熟悉呢？在我們需要完成一項任務的時候，我們的腦海裡總會冒出各種各樣的想法，這些想法讓我們感到焦慮、恐懼和對自我的懷疑，我們明明知道自己需要去做什麼，但是我們不去做，或者熬到最後一分鐘才做，最終拖延又讓我們感受到更加沉重的挫敗感，這種模式不斷地重複出現，讓我們最終陷入了困境。

雖然我們大都體會過因為拖延而給自己帶來的焦慮感，但似乎很多人都沒有意識到其實焦慮才是讓我們拖延的真正原因。

讓我們試著回想一下，上一次我們對某些任務感到焦慮並選擇推遲去做的情境：當時你想到了什麼？當你選擇不去做它的時候你的焦慮被暫時緩解了嗎？當臨近最終期限的時候又是怎麼樣的呢？你的焦慮是上升還是下降了呢？

為什麼我們總是拖延

1. 恐懼失敗：完美主義。

有的人一直在等待一個「完美」的時機，讓自己準備到「完美」的狀態，才會動手去做一件事。做的過程中不允許有任何瑕疵，也不能接受失敗的結果。人們產生這樣不切實際的想法，並不是擔心失敗本身，而是害怕失敗之後別人的評價。他們擔心被別人評價為笨、無能、沒有價值。與其這樣，不如被評價為懶惰或者拖延。這類人往往害怕競爭，因為害怕在競爭中讓別人看出自己的軟弱和無能。

在完美主義者的核心信念中，要嘛全，要嘛無。

他們可能還有這些信念：

• 我必須要做到完美。

• 我做每件事都應該輕而易舉，不費力氣。

• 如果不能確保好的結果，那麼它根本不值得去做。

• 我每次都應該做得很好。

他們認為，不去做某件事就好像那件事永遠沒有開始，也永

遠沒有失敗。

2.逃避成功。

（1）成功需要付出太多。

有的人擔心成功需要付出太多，遠遠超過了他們所能承受的程度。因為成功需要付出很多時間和努力，犧牲很多休閒時間，於是他們認為還是站在原地比較舒服。

他們認為成功會把他們推到聚光燈下，受到來自四面八方的攻擊和挑釁。他們感到自己還不夠強大，無法還擊。

通過拖延，他們放棄了成功的機會，給了自己一個緩衝，好讓自己不陷入忙亂的生活，不被眾人注目。

（2）成功是危險的：總有人受傷。

有的人透過拖延來逃避成功，是為了避免別人或自己受到傷害。他們認為競爭是會傷人的，他們害怕被指責為「自私」「無情」「滿腦子只想著成功」。他們害怕競爭中的失敗者懷恨在心，報復自己。他們害怕破壞關係。

所以他們認為只有裝作無害，沒有競爭性和攻擊性，才有可能獲得好的關係。

3.掌控主動權：被動攻擊。

還有一些人，他們透過拖延，比如遲到、不按時完成任務、不遵守規章制度、不屑權威，變被動為主動，來獲得掌控感。當不願意去做某件事，但又迫於壓力而不得不去做時，他們便會用拖延來告訴你，自己對這件事有不滿的情緒。

由於不敢直接表達自己的不滿情緒，於是採取拖延的方式回

擊。這似乎成為他們的一種條件反射，而背後的情緒可能連他們自己都沒有察覺到。

拖延對於他們來說，是對權力的爭奪，是對被控制的不滿，對控制者的攻擊和報復。

如何與拖延症和平共處

1. 認知上的改變：修正不合理信念

（1）完美主義 VS. 發展心態

你需要認識到完美主義是不合理的認知。因為這個世界上沒有完美的東西，這個世界也不是非黑即白的。你需要去接受努力後可能存在的不完美，用成長心態去看待事物和自己。

能力是可以發展的，通過努力，你可以隨著時間的推移變得更有能力。成功是為了學習和進步，而不是為了證明你聰明。所以，即使失敗，也並不說明你笨或者無能，而是你現階段還無法做到更好。但是現在無法做好，不代表將來也做不好。

（2）逃避成功 VS. 強化自我價值感

拖延企圖逃避的不是某個任務，而是由這個任務引發的某種感受。你逃避的不是成功本身，而是當你成功後被注目時可能受到的貶低和攻擊，你感到這些貶低和攻擊會挫傷你的自尊。

自尊是一個人對自我價值的評估。個人成長的一個重要使命就是要發展出對自己能力的合理認知，並接受自己的侷限性，同時又能維護一個積極的自我價值感。

外在的貶低可能讓你覺得自己差勁，沒有價值。此時，你需要去辨別那些貶低和攻擊的原因：如果是由於你自身的能力不足所致，那就用發展心態去對待；但如果是他人出於某種目的故意傷害或操控你，那你大可不必因此而認為是自己不夠好的緣故。

而當用發展心態努力後得到一個階段性成果時，你需要強化這種成就的喜悅。這有助於你自我價值感的提升，逐漸不再害怕成功。

（3）討厭被控制 VS. 尋找內在動機

在成長的過程中，被控制的憤怒會讓你從內心對父母產生抗拒，這種抗拒可能會延伸到你對待「權威」（老師，領導，長輩等）的態度。

你對被控制的感受非常敏感，一旦感到被控制，你可能會對原本感興趣的事物立馬變得不感興趣。這時你可能模糊了想做的事和被控制做某事的界限。很可能兩者會有重合，但你會本能地產生抗拒，變得拖延和不合作。

你可以想一想，如果沒有權威的指令，你是否會喜歡你做的這件事。去叩問內在的動機，而不管這件事是否會滿足父母或權威的期待。

尋找到做某事的內在動機，是慣性拖延的人轉變的契機。

2. 行動上的改變

（1）試試結構化拖延法。

斯坦福大學的哲學教授約翰·佩里（John Pernp）發明了「結構化拖延法」而獲得 2011 年的「搞笑諾貝爾獎」。結構化拖延法的核心是，教人們如何利用拖延積極高效地工作。具體的操作方法如下：

• 把需要完成的事情做成一個列表。

• 順序按照重要度排序，上面是最緊急最重要的任務而不太緊急又必須要做的事情就放下面。

• 先做下面的任務，來逃避最上面更重要的任務。

那些最緊急又重要的任務，其實是我們無論如何都要完成的。但在拖延的時候，我們能去做一些同樣重要但不太緊急的事，在暫時迴避壓力的同時，又能為達成最終目標進行準備。

（2）把目標拆成一塊塊磚頭，找到關鍵入口。

《戰勝拖延症》一書的作者——卡爾頓大學的心理學教授蒂莫西·皮切爾（Timothy Pychyl）說：「大多數拖延的人們都是害怕任務的複雜和重要。所以你們可以將任務拆解成最簡單的步驟，將門檻降到低得不能再低。只要讓自己開始著手做就好。」

就像所有的高樓大廈都是用一塊塊磚頭壘起來的，所有龐大的事業也都可以拆解成一個個核心步驟。直接要求自己立刻馬上平地起高樓，是一件讓大多數人望而卻步的事，但是壘起一塊磚真的不是什麼嚇人的大事情。所以面對複雜的任務，最好將其拆解成一塊塊容易完成的「磚頭」，並在日程表中做出切實的規劃：比如每天 20：00 到 21：00 完成一個壘磚頭的計畫。一旦進入關鍵入口，開始著手完成任務，我們就會收穫成功的喜悅，忍不住一直繼續做下去。這樣，拖延就會和你說再見啦！

因此，接受自己是「拖延症患者」的事實，不要悲傷，不要心急，更無須自責，重要的是我們接下來要準備怎麼做。如果原諒了自己之前的拖延，那很有可能在下一次就不拖延了。

自尊就像血糖，穩定最重要

來想像這樣一個場景：

你剛回家，跟男朋友打招呼，說著今天的新鮮事，他埋頭對著平板電腦，一直沒有抬頭。你叫了他好幾聲，他也不搭理你。這個時候你會怎麼想？

這是美國佐治亞大學心理學系教授邁克爾・克尼斯（Michael Knies）在論文裡提到的一項研究。研究者們邀請了 120 名戀愛中的大學生，先評估他們的自尊水準，然後描述 9 個虛擬的場景（上面就是其中一個），並問他們會如何反應。

結果發現，最容易把這個行為解讀為「他不夠關心我」，也最容易產生「我也不理他」的報復行為的，是那些自尊水準高、但不夠穩定的人。

這個結論讓克尼斯非常驚訝：因為在大家過往的印象裡，會認為這樣「想太多」的人，應該是低自尊者。

我們對「自尊」這個概念的關注點總是集中在「高低」的維度上，「低自尊」也成了很多人解釋自我的標籤。然而，打個不恰當的比方：自尊就像血糖，穩定，可能比高低更重要。

為了追求高自尊，我掉進了證明自己的陷阱

總聽人說「他這人自尊心太強」「我有點低自尊」……「自尊」到底是什麼意思？

法國心理學家克裡斯托夫·安德列（Christophe Andre）、弗朗索瓦·勒洛爾（Francois Lelord）在《恰如其分的自尊》一書中指出：

自尊 = 自愛 + 自我觀 + 自信

自愛指能給自己「無條件的愛」。不管貧窮或富裕，成功或失敗，都能夠接納自己，相信自己是值得被愛的。

自我觀指對自己有清晰的認知。我們每個人對自我的認知，跟真實的自我相比可能是有偏差的，一個人越能客觀評估自己的優勢和缺點，自我觀就越完善，也就是我們說的有「自知之明」。

自信即是否相信自己有足夠的能力去應對生活中出現的問題。

當這三個方面都運轉良好，一個人的自尊水準就比較高；當其中一個或者幾個部分出現了問題，就會出現「低自尊」的心理感覺。

在很多人眼裡，低自尊是一個需要擺脫的麻煩。確實，低自尊的人通常會遇到這些麻煩：

• 經常低估自己，看不到自己的優點。

• 面對美好的事物會覺得自己「配不上」，因此進入不適合自己的關係，或者遠低於自己實際能力的工作。

• 不能享受成功，容易出現「冒充者綜合症」。

• 容易被別人的想法影響，討好別人委屈自己。

但低自尊也有相應優點：比如更容易聽取批評建議、理解他人需求，為了做好一件事提前努力，這在很多場合是受歡迎的品質。

研究表明，自尊低，也不會提高暴力、吸煙、酗酒、過早的性行為這類事發生的概率。

相比之下，高自尊確實會讓人產生愉快的感覺、增強做事的主動性。但它也並不是完全美好，比如：高自尊容易在失敗之後把原因全部歸結於外界，因此很難得到教訓，或者因為高估自己的能力設置一些不切實際的目標，從而導致失敗。

還有研究發現，高自尊的人報復心比較重，如果你指出了他的錯誤，他對你錯誤的關注度會提高三倍。

更值得注意的是，對高自尊的過度追求，可能反而使我們的幸福感下降。2004 年的一項研究發現，相比於自尊水準高低，一個人追求自尊的方式更加重要。當「高自尊」本身成為一項追求的目標時，它可能會帶來一些負面的結果：

1. 對某個方面（比如工作、容貌）的過度關注。

研究表明，人們會把自我價值跟某樣東西高度掛鉤，甚至把它作為衡量自我價值的最重要指標。你是不是也產生過這樣的想法：只有學習好 / 長得漂亮 / 有肌肉 / 拿到那個公司的錄用通知書，我才是一個有價值的人。

這個「只有」背後的內容，就是你非常在乎並跟自我價值高度掛鉤的事情。這會激勵我們付出努力，但這裡的努力，已經不再是為了這件事本身，而是把它變成了一種證明自己的途徑，這很可能讓你忽視事情本身的意義。

一個針對申請讀研的密西根大學大四學生的調查顯示，那些把學習跟自我價值掛鉤的學生會認為被錄取的意義是「我被認為是一個有能力的人」，而其他人會覺得這是自己職業規劃的一步「我不認為我被研究生院錄取，就一定會對我『作為一個人』本身產生價值。我知道我已經在密西根大學度過了我最好的學生時光，我仍有很多東西學習和貢獻。」

克里斯多夫在《恰如其分的自尊》一書中指出，每個人在不同領域體驗到的自尊程度是不同的，一個人可能在工作領域非常順利，是高自尊的狀態；但在情感領域卻屢屢受挫。如果把證明自己作為目標，可能會讓人過度依賴那個能給予自己高自尊感的領域，從而失去平衡——比如成為一個過度沉迷工作、忽視家庭生活的「工作狂」。

2. 更高的焦慮感。

對高自尊的追求可能會讓人捲入患得患失的焦慮中。

詹妮弗·克洛克（Jennifer Crocker）在關於自尊的系列研究中指出，人們追尋自尊的行為，本質是為了管理恐懼和焦慮，這種動機形成於幼年時期，當孩子經歷一些不安、恐懼的情緒之後，比如媽媽說：「你如果×××，我就不要你了」。孩子會試圖確認自己需要成為一個什麼樣的人，才能保證自己是安全的。

但讓人難過的是，對高自尊的追求並不會減輕這種焦慮。的確，克洛克等人的研究表明當這種努力取得了成功，焦慮和恐懼確實會下降。但任何一個人都無法保證自己每次都能成功，當失敗到來，那些拚命證明自我價值的人會感到更強烈的挫敗，

並產生防禦。整體來看，失敗帶來的負面影響比成功帶來的幸福感
更多。

自尊的穩定更重要

看到這裡，你可能會納悶：這真的是高自尊嗎？怎麼跟我想的不
大一樣？

克尼斯教授開始研究自尊這個課題時，最初也有這樣的疑問。

有天他看到文獻裡說，高自尊者會非常在意維護對自我價值的積
極感受，這讓他們用一種「保衛堡壘」的心態去生活，對自己可能的
缺點視而不見，對別人的批評非常敏感。這使得他非常疑惑：如果一
個人真的對自己很滿意，那他受到負面的評價時，難道不會更從容，
更不需要過度自我保護嗎？為什麼這些高自尊者的自尊這麼脆弱？

後來他發現，自尊這個東西，不能從單一的「高低」維度來理解，
還有穩定性。而所謂「自尊的穩定性」，是指你的自尊水準是不是容
易受到外界事件的影響，比如考試沒考好、表白被拒、被上司批評……

安德列按照自尊高低和穩定性，把人們的自尊狀態分為四個類型：
穩定高自尊、不穩定高自尊、穩定低自尊和不穩定低自尊。

而大量研究表明，自尊穩定性對一個人心理狀態的預測價值
超過了自尊水準的預測價值，就是說，相比於自尊高低，自尊的穩定
性可能對一個人的心理健康更加重要。

1. 缺乏自尊穩定性的人，更容易被傷自尊。

自尊不穩定的人會更頻繁遇到與自尊相關的負面事件，對其他生活壓力事件的耐受度也更低。而這可能會引發抑鬱、憤怒等負面情緒。例如，有研究表明，在最初沒有抑鬱的個體中，大學考試失敗只在自尊不穩定的人中預示著抑鬱的增加。而克尼斯在 1988 年的研究中亦發現，不穩定高自尊產生憤怒、敵意的傾向最高，穩定高自尊最低，而穩定或不穩定的低自尊在兩者之間。

2. 缺乏自尊穩定性的人，更難從挫折中恢復。

自尊不穩定的人對自我價值感沒有很好的定位。一方面，他們會把過多注意力聚焦到跟自我價值相關的事件，比如過度在意他人的評價。另一方面，他們存在一種對自己的偏見：他們會把不一定，或者完全跟自我價值無關的事情解釋成「我不夠好」。

比如同樣是「一位同事沒有回應你的微笑」，自尊不穩定者會把它解讀為「我不討人喜歡」，而事實很可能是同事今天太忙了；再或者，在一次考試失敗後直接把原因歸結於「我沒用」。

還有研究發現，自尊不穩定的人對人際關係中的自尊威脅更加敏感，這會讓他們更難擁有和諧的人際關係。

總而言之，相比於自尊的高低，自尊的穩定性對心理狀態有更加重要的影響。一個自尊水準總是穩定在 6 分的人，很可能比一個在 2 分和 10 分之間反復橫跳的人更加幸福和從容。

如何建立「恰如其分的自尊」

1.通過「周哈里窗」，建立更加客觀的自我認知。

低自尊者和自尊不穩定的人對自我的認知往往是不清晰的。而「周哈里窗」可以幫我們探索自我認知中的盲區。這是兩位心理學家周瑟夫・勒夫（Joseph Luft）和哈里・英格拉姆（Harry Lngram）在 20 世紀 50 年代提出的，它把人的自我認知分成了四個區：

（1）開放區：我知道、別人也知道的部分。

比如你的名字、學校、簡歷上的職業經歷，親近的朋友可能知道你的喜好，同事可能知道你擅長做什麼事情。

（2）盲區：別人知道、你不知道的部分。

這裡面可能有你不知道的自己的優勢或者缺點。比如我有個朋友特別善於在旅行中觀察和總結這個陌生城市的特點，很像一個做田野調查的人類學家。但當我跟她說的時候，她很驚訝地表示自己完全不知道，但的確有別人向她指出過這一點。

再比如你以為自己是個脾氣很好的人，但有親近的朋友告訴你，其實你很容易情緒化，這都是值得探索的部分。

（3）隱藏區：我知道、別人不知道的部分。

比如你不太想讓別人知道的過往的一些經歷、獨特的觀點和想法，還有缺點和困惑。

（4）未知區：關於自己，我和別人都不知道的部分。

比如工作中有個活沒人幹，上司交給了你，結果你發現自己很擅長做這件事，這是你未被發現的潛力。

而提高自尊的方法，就是不斷擴展四個區域中開放區的範圍：

（1）把盲區轉化為開放區。

比如你可以多問問別人，尤其是對你有親密互動的同事朋友家人：對於我來說，你覺得有什麼是很重要，但我沒有意識到的東西呢？如此一來往往會有很大的收穫。

（2）把隱藏區轉化為開放區。

也就是更多地跟別人分享隱藏區的事情。比如你的優勢、你對一件事的看法、你的情緒，通過他人的回饋，你會對自我有更客觀的認識，這會促進你的自我接納。

當然，自我暴露也是有風險的。你可以找出自己願意分享的部分，按難度排序，一點點來練習。

（3）把未知區轉化為開放區：讓自己進入不太熟悉的環境嘗試新的經歷。

2. 通過調整目標跳出「證明自己的陷阱」。

穩定的高自尊人人都想擁有，但我們要承認，不把自我價值和外在事件掛鉤本身就是一件很難的事。在一項針對 750 個大學新生的研究中，96% 的學生會選擇把自我價值跟至少一件外在指標掛鉤。

研究者克洛克指出，改變我們把自我價值寄託在外在指標上的傾向是很難的，因為這深深印刻在我們的早期記憶中。但我們可以通過有意識地調整自己的目標，跳出這個「證明自己的陷阱」。具體來說，就是把自己的目標跟更多人的利益聯繫在一起，

選擇一個對自我和他人都有好處的目標。

換句話說，就是不要再把「證明自己」當成做一件事的意義，而是多問問自己：做這件事能帶給別人什麼好處？

透過把目標跟他人的利益聯繫在一起，我們既不會損失努力的動力，也找到了努力更持久的意義，它還會讓我們更幸福，有研究發現，與他人相關的目標可以緩解焦慮和抑鬱。更神奇的是，當你不把追求高自尊當成目標，轉而為包含他人的目標努力時，結果可能反而是擁有更穩定和非防禦性的自尊。

最後想告訴大家的是，穩定的自我價值不該是一個追求的目標，而是一個自然而然的結果──當你變得更開放，更願意分享；當你找到自己真正熱愛的事，並專注於它本身的價值；當你真正關心他人，並自發地為他們做點什麼⋯⋯你便不會再懷疑自己是否有價值，因為那個答案就是一個肯定的「yes」。

第二章　走入長夜：當大腦生病了

你可能病了，但沒有「瘋」

　　如今，許多專業的心理疾病名詞進入了我們的視野。我們常常在新聞中看到有名人患憂鬱症、暴食症等的報導。

　　其實，心理疾病離我們並不遙遠。拿憂鬱症舉例，在全球，憂鬱症患者是一個多達 4 億人的群體，15% 被診斷為臨床憂鬱的人選擇自殺。

　　本章節內容將聚焦於常見的心理疾病，如抑鬱症、雙相情感障礙、成癮行為、飲食障礙，以及關於自殺的事實和干預等幾個方面，談談精神疾病、心理疾病患者該如何接受診治，以及他們可能正在經歷的方方面面。

憂鬱自檢指南：我「憂鬱」了嗎

可能大部分人都經歷過憂鬱，那是一種低落、難過的情緒狀態，但憂鬱症可能是最近這些年才被大家所認知的。隨著一些名人的自我暴露，越來越多的普通人接觸到了憂鬱症這個詞。但你可能不知道，患憂鬱症的人比你想的要多得多。

據統計，全球有約 4 億人患有憂鬱症，但是只有不到 25% 的患者會尋求有效的治療。中國的資料更不容樂觀，中國約有 9000 萬人患有憂鬱症，而接受治療的患者大概只有 8%。

為什麼憂鬱症就診率這麼低

我們都會有這樣的疑問，為什麼憂鬱症的就診率這麼低？歸結來說，大致有兩點原因：

1. 很多人並不真正了解什麼是憂鬱症。

在我們的必修教育體系中，似乎沒有任何關於憂鬱症的科普，人們傾向用已知的經驗去做聯想和判斷：把聽來的憂鬱症的表現（情緒低落、失眠、不願意社交等）和由於性格內向、脆弱、想太多導致的負面情緒聯繫起來，甚至是畫上等號。有一個人曾這樣描述自己得了憂鬱症後的感覺：

像是……跌進了一個深不見底、沒有繩子、沒有梯子的黑洞中，一點力氣也沒有，很絕望。偶爾上面的洞口路過幾個人，會朝底下的我喊：你趕緊上來啊，以我的經驗，這洞不會太深，你就是自己嚇自己，別把它想得太可怕，你用點心、努努力肯定能上來的！

除了憂鬱症患者不被身邊的人理解之外，更可怕的是患憂鬱症的當事人不理解自己。著名音樂人楊坤曾說：「因為憂鬱症，我受了整整六年的苦，其中最痛苦的兩年是我還不知道『憂鬱症』是什麼的時候。」

2. 人們對憂鬱症的病恥感。

因為大眾對憂鬱症的誤解，罹患憂鬱症的人也會產生不同程度的病恥感以及自我歧視，會開始思考：「是因為我不堅強、太矯情嗎？還是社會的價值觀、大家的認識都錯了呢？」為了不被歧視，很多人選擇隱瞞自己的病情，或者否認自己得了憂鬱症，更不會去求醫了。

憂鬱症離我們太近了，為了我們自己，也為了我們身邊的親朋好友，為了讓憂鬱症患者能夠得到理解和關愛，對憂鬱症多一些了解有百利而無一害。

這些表現，可能都是憂鬱症狀

你可能會認為大家的憂鬱症都是同一種病，但事實上憂鬱症

是一類情緒疾病，包括重性憂鬱障礙、持續性憂鬱障礙、破壞性心境失調障礙、經前期煩躁障礙等多種類型。它們都有一些基本的症狀表現，可以幫你進行自我判斷。

1. 情緒持續化低落，覺得空虛，沒有價值感。

可能你會認為憂鬱症患者每天都是難過或傷心的，但並不是所有的患者都是如此，其實更準確的描述是：情緒低落、空虛。更像是一種情緒喚起程度較低、沒有力量的狀態。他們似乎失了生命力和活力，體驗不到絲毫的價值感。這個持續，其意義更多是，每天都是這個樣子。

2. 對周圍一切事物都失去了興趣。

患者會對一切事物失去興趣，包括以前很感興趣的活動。醫生或心理諮詢師一般會問來訪者，平時喜歡做什麼，週末喜歡什麼？典型的憂鬱症患者會說，我以前還去打球，現在提不起興趣了⋯⋯好像對什麼都不感興趣。

3. 食欲激增或喪失，體重明顯變化。

人的情緒很容易影響食欲。但不一定是喪失食欲，也有可能會暴飲暴食。所以更需要關注的是，當事人的體重在一個月內的變化是否超過了 5%，刻意減肥、增肥不在其列。但是對於憂鬱症患者來說，他們可能在相當長一段時間裡，都沒有注意自己的體重發生了變化。

4. 睡眠出現問題，失眠／嗜睡。

很多憂鬱症患者一開始都很難意識到自己憂鬱了，他們最先抱怨的常常是「我最近經常失眠」。失眠的發展會經歷三個階段。

第一個階段是很難入睡，第二個階段發展為夜裡反復醒來，第三個階段是早醒後無法再入睡，在這個階段，患者雖然能夠入睡，但淩晨三～四點鐘就會醒來並且再難入睡。

5. 行為發生改變（煩躁、行動緩慢）。

憂鬱症患者的行為往往會發生明顯的變化，特別是行動和思維會變得遲緩，而這些變化也很容易被身邊的人注意到。比如，以前挺乾淨整齊的一個人，忽然變得邋裡邋遢、蓬頭垢面，以前挺機靈的一個人，最近思維特別混亂。

6. 疲勞、沒精神。

憂鬱症涉及身體內一些生化物質的改變。就像人得了肺炎會發燒一樣，得了憂鬱症會讓你覺得疲勞、沒力氣。有些憂鬱症的患者一天睡 22 個小時，仍然覺得很疲憊。

我們要意識到，憂鬱症並不是僅靠主觀意志就能改變的，僅僅是鼓勵患者振作起來並不會起作用，這就像跟骨折的病人說「加油！去跑步！咬咬牙！你可以的！」一樣，只會讓當事人感到不被理解。

7. 自我評價低，消極思維。

沒有人願意持續地思維消極，而且憂鬱症患者甚至可能會因為自己的「消極」而不斷自責。但這是憂鬱症的症狀，更寬泛一些說，這也是身體裡化學物質發生變化的結果。憂鬱症患者自己也很難變得積極起來。

8. 思維遲緩，注意力不集中。

就像加班加了三天三夜之後，你會感到頭暈、思維變得緩慢、注意力很難集中一樣，憂鬱症也會讓人產生相似的感覺。

9. 產生死亡的念頭。

憂鬱症患者因為對一切都喪失了興趣，很難體驗到生活的樂趣和意義感，反而會體驗到可怕的痛苦和空虛，所以死亡的念頭會經常出現在他們的頭腦中。

10. 持續兩週以上。

以上症狀需要持續兩週以上。

上面的十個症狀可能對普通人來說很難都記住，那麼這裡還有一個簡單的方法。美國心理學會和世界衛生組織提醒，如果在持續兩週的時間裡出現了下述三個症狀中的兩個，那麼你就處在罹患憂鬱症的高風險之中，請一定去專業醫院尋求診斷和幫助。

這三個症狀分別是：

• 每天都情緒低落、空虛、沒有價值感。
• 對周圍一切事物都喪失了興趣。
• 疲勞、思維遲緩。

需要注意的是，請千萬不要等到對生活完全喪失了興趣才去尋求幫助，倘若感覺到不適，可以及早尋求專業的診斷和幫助。

就像口渴了要喝水、骨折了要養傷一樣，憂鬱症作為一種生理、精神可見的疾病，值得你認真地下一劑藥方。

如何診斷、治療憂鬱症

憂鬱症被歸為精神類疾病。它有很多可能的成因，包括大腦激素、神經遞質的分泌紊亂、基因遺傳、人格特點、生活中的壓

力事件、物質濫用等多種原因。一般來說，是這些原因中的多個因素共同作用導致一個人患上憂鬱症。

根據診斷結果，結合患者病情的嚴重程度和現實情況，醫生一般會建議病人通過住院治療、藥物治療和心理諮詢等方式進行治療。

1. 住院和藥物治療。

住院治療和藥物治療都是醫院能夠提供的服務。在中國，只有精神科醫生能對憂鬱症患者進行診斷、開具處方藥。對於比較嚴重、自殺自傷風險較高的患者，醫生一般會建議住院治療。這是為了給患者提供更及時、全面的治療，防止事故的發生。對於藥物治療，需要來訪者有一定的耐心，因為不同的人對同一種藥物的反應都不一樣，有些患者可能在試過幾種藥物之後，才能找到最合適自己的那一種。所以，患者一定要謹遵醫囑，不要因為沒能快速見效就擅自停藥，遇到問題一定要及時去醫院複診。

2. 心理諮詢。

心理諮詢由受過專業訓練的心理諮詢師提供，大多數心理諮詢師都在醫院之外的機構裡執業。憂鬱症患者病情較輕，或者通過藥物已使症狀得到控制時，在精神科醫生的建議下，患者可以接受心理諮詢的幫助。心理諮詢能夠給來訪者提供一段穩定的人際關係，幫助來訪者對自己產生更多的覺察，有更多表達自己的思想和情感的空間，逐漸恢復解決問題的能力。有一些心理諮詢流派能夠有效地解決「症狀」，另一些流派則適合從更深層的角度來做自我探索和成長。

需要注意的是，憂鬱症有時還伴隨著一些其他的生理、心理疾病，一定要在專業人士的幫助下，才能對症下藥。

關於憂鬱的五個誤解

其實，大眾對於憂鬱的誤解，是對憂鬱者最殘忍的事——遇到問題，卻不知道自己是什麼問題。深陷憂鬱，卻得不到足夠的尊重了解。

下面我們來澄清幾個「大眾對憂鬱最常見的誤區」。

1. 心情低落就是憂鬱了？

「我這兩天心情特別低落，估計是得憂鬱症了。」

常常聽到週邊的朋友用玩笑的語句說起這話。現在「憂鬱症」似乎被過度使用了。真正的憂鬱症，「心情低落」要持續至少兩週，並且嚴重影響社會功能（比如學業、日常工作、社交等），而且對事物缺乏興趣，做什麼事情都覺得沒意思，感覺很累。

此外，還會對飲食、睡眠，體重等軀體方面產生影響（比如體重嚴重降低，失眠易醒等）。

但事實上，日常生活中，人們或多或少都會因為工作、學業壓力、家庭突發變故使得情緒受到影響，這樣的時刻往往是憂鬱狀態／憂鬱情緒，未必是憂鬱症。

因此，心情低落並不一定就是憂鬱症，在未確診之前，大家也不要自己嚇自己呀。

2. 性格軟弱的人才會得憂鬱症？

「每個人都有壓力，同樣會面對這些事情，怎麼別人就沒事，你就這麼沒用呢？受挫能力太差了吧。」

許多人認為患有憂鬱症是不夠堅強，不夠積極的表現。事實上，憂鬱症的發病原因十分複雜，學者們認為憂鬱症的病因既與神經生物遞質的改變相關，也與個人早年經歷和成年遇到的生活事件相關。張玉桃等人的研究發現，經常進行自我批評或被父母經常批評的人更易發生憂鬱。

憂鬱症的一大核心特點是攻擊性向內，而高自我批評個體是內部指向性的，主要受內部因素而非環境因素的影響。此外，追求完美會影響個體的自我效能感和自尊，完美主義的人將更多精力集中在自己的缺陷上，較易陷入憂鬱中。

3. 樂觀外向的人，就不會得憂鬱症？

很多人說，「愛笑的人運氣不會太差。」

我們普遍認為樂觀外向，對事情積極向上的人不會得憂鬱症。所以在很多喜劇演員們確診憂鬱症後，多數人也往往十分驚訝。

然而，由於工作、面子、禮節、責任的需要，很多人會用微笑來隱藏自己內心深處的真實感受。李穎等人的研究表明，「微笑型憂鬱症」常見於那些學歷較高、身分地位不低、事業有成的職業人群，其中以服務行業最為典型。

成功人士往往過於追求完美，缺乏可以交心的知己朋友，而且很少向他人傾訴情感。在我國，「微笑型憂鬱症」多發生在白領階層，他們很多是機關工作人員、企業管理層或技術人員，且男性要比女性多。在傳統文化的要求下，「男兒有淚不輕彈」致使很

多男性成為「微笑的病人」。

4.憂鬱了，和親朋好友聊一聊就能好？

「每個人都有不開心的時候啦」「別想太多了，要放鬆」「好好調節下，你看你就是想太多了」。

有些人認為，憂鬱症只是心理問題。心病就是憋太久了，平時壓力太多了，沒和他人宣洩，沒有好好放鬆和調節的緣故。甚至有人會跟你說，患憂鬱就是因為想太多，只要多和朋友聊聊天，情緒得到了疏解，自然就會好了。

其實憂鬱情緒和憂鬱症是很不一樣的，特別是重度憂鬱症，往往是需要進行心理和藥物的綜合治療的。除了有些人對憂鬱症的認知不全，還有人明明被確診了憂鬱症，還是覺得自己能夠調整。

也有很多人存在病恥感，覺得如果去做心理諮詢或者去醫院開藥，自己可能就是精神病了，別人也一定會帶著異樣的眼光看待自己。

親朋好友的社會支持固然重要，但是專業的治療才是針對憂鬱症最有效的辦法。

5.憂鬱症靠心理諮詢／治療就夠了？

「吃藥會帶來副作用，所以我只需要心理諮詢就足夠了。」有些人認為憂鬱症僅僅通過心理諮詢／治療就能治癒，有些人擔憂藥物的不良反應從而不服藥。如果只是輕中度憂鬱，心理諮詢／治療會很有幫助；如果是重度憂鬱（尤其是和生理相關的問題），甚至已經有自殘自殺意念或行為，轉診精神科並採取藥物治療等也是有必要的。

學界一致認同，藥物治療和心理治療同時進行，效果最佳。如果你特別擔心藥物不良反應，可以與主治醫生充分溝通，不適時及時回饋，醫生與你也是在同一戰線的。

憂鬱自救指南

　　罹患憂鬱狀態之後，必須儘快就醫，遵醫囑治療。同時，也可以尋求心理諮詢師的幫助。然而，與其他疾病一樣，在憂鬱症的治療過程中，我們必須保持一種戰勝疾病的決心和信心，端正心態，積極自救，才能讓醫學治療發揮最大的作用。

　　下面為大家介紹一些處於憂鬱情緒或抑鬱狀態時有助於改善情緒的自救方法。

　　1. 擁有耐心。

　　人陷入困頓的時候，非常容易被一葉障目。深信只有腦袋中浮現出的所有問題都能被一一解決時，自己才可能高興起來。

　　然而一件令我們感到痛苦的事情發生，往往是你的內在困苦在現實生活中的一個映射。比如你渴望獲得一幢大房子，它背後可能是你賦予了「獲得他人肯定」過度的意義；可能是你需要透過一個大房子來解決和處理你不能面對的家庭關係，渴望通過空間幫助你來處理它。

　　一個房子倒塌前，它已經壞掉很久了。往往我們認為令自己感到痛苦的事情，都是我們美化過的、可被講出來的「靶子」。我們真正害怕的、擔憂的，都藏在這個殼子的背後。

有時候我們有勇氣去面對它們，有時候我們還沒有足夠的力量。
請耐心地等待。

2. 多做令你感到高興的事情、見令你感到高興的人。

聽起來簡直是句廢話。但是非常有效。

你可以自己檢查一下自己的生活，你的生活中和喜歡的人相處的時間有多少，你所做的事情中有多少是你喜歡的？

我第一次從積極心理學裡看到這句話的時候，醍醐灌頂。我開始不斷詢問自己，我為什麼認為自己必須去見那些我不喜歡的人？「不得不做」的不喜歡的事情裡面，哪些是出於我不假思索的慣性，哪些是我可以捨棄的欲望，哪些是我主動的選擇？

當我開始有意識主動地選擇，這就像打遊戲一樣，那些令你感到高興的事情和人就會加倍，使你即便身在陰影處，也能夠心懷希望。

3. 不要和他人比較痛苦。

人類會很輕易地評判他人，也會這樣對待自己：這點小事你就感到痛苦啊；為什麼你不能像別人一樣努力呢？別人能夠做到的，你為什麼這麼脆弱？

然而人和人的痛苦是不能比較的。一個體質健康的孩子和一個免疫系統受損的孩子，當他們感冒的時候，身體反應和所體驗到的感受是完全不一樣的。

這個世界上，有沒有人是特別健康、完全沒有創傷地長大的？答案當然是：沒有。我們每個人都經歷過「創傷」，有些是人類文化禁忌所帶來的，有些是家庭帶來的，有些是成長這個過程

本身要求我們必須體驗的——遺憾、哀傷、憤怒和未被消解的痛苦感。

我們當然可以說一個人比另一個人在某個時間段、某件事情上反應更健康，然而我們每個人都有自己的脆弱之處，會在他人看來不足掛齒的事情上感到痛苦。

痛苦感是真實的，不要評價自己的傷口。

4. 不要相信「別人可以，我也可以」。

太多的資訊在告訴你：我可以，所以你也可以。比如：我可以賺很多的錢，你努力一些你也可以。我可以變得很瘦，你也可以。我可以給我的孩子爭取最好的學校資源，你不能是因為你不夠好。而實際上，大多數情況下，即便別人都可以，你也可能是做不到的。

然而這並非是一個人的錯，有時候也不值得我們為此感到遺憾（大家都去爭取的不一定就是好東西啊）。

這種「我可以，你也可以」是被製造出來的幻覺，讓你誤以為自己沒有擁有他人有的東西，沒有獲得某種獎賞或者物質，都是由於你不夠強或不夠努力。它當然可以在某種程度上給你鞭策——但是它會帶來更多糟糕的影響：

• 它讓你無法從真實的生活中得到滿足。

• 它會讓你覺得一定要擁有什麼，或達到什麼地位才能算幸福。

• 它讓你不再清楚自己想要的是什麼，怎麼做是對的，相反，你只能在他人建構的框架裡尋找所謂的正確答案。

放鬆去過你的生活吧，享受它。

5. 當你不知如何選擇的時候，停下來等一等。

我們常常會遇到這樣的情況，當我們面臨某個選擇時，忙了很久，身心俱疲，卻沒有任何結果，仍然不知如何做決定。灰心之下又憂鬱又焦慮。感覺自己像拉著一隻被困住的獵犬，覺得前方無路，獵犬又狂吠不止。

這時候不如停下來。當我們不糾結於具體的選擇時，反而會在漫長生活之中，時時想起，偶爾和朋友討論。當我們不急於一個答案時，反而會使方向和真正的問題慢慢地浮現。所以說，停下來也是一個選擇。

6. 一定要給自己定目標的時候，目標要又細節又小。

不要給自己設定非常宏大的、模糊的、沒有操作方法的目標。

比如：「我想要快樂起來」「我想要擺脫孤獨感」；如果你將自己內在對於自己苛責的聲音更換成：「我打算一週去打一次球」「堅持收拾床鋪三次」「約一個朋友吃飯」這樣細節的目標，就會獲得更多的掌控感。

人對自己的生活哪怕多一點點控制感，都能建立起一些生活最基本所需的希望感。

7. 增加「此時此刻」的體驗感。

人憂鬱和焦慮的時候，容易深陷迷思，所有糟糕的念頭都一併而來：比如我完蛋了，我再也好不起來了，我很糟糕，一切都完蛋了。我們會傾向於將任何發生的事情，都渲染成為糟糕的色彩，再將它嵌套進對自我的評價、未來人生的預期。

這種迷思會像一個鬼打牆的迷宮。當你越是深陷焦慮和頭腦中的想像，就越困苦。當你意識到你在這種迷思之中，可以嘗試

深呼吸，站起來，將你的注意力拉回到你所身處的空間。你看看你所在的空間是什麼顏色？有什麼物體？你穿著什麼樣的衣服？你的皮膚有怎樣的感受？你可以摸摸你身旁的東西，體會一下它的質感。

總之當你意識到你在迷思中時，要用你的身體將自己的大腦從「對未來無盡的糟糕想像中」拉回到當下，拉回到此時此刻你所在的空間，告訴自己，你大腦中所構思的一切，都並未發生。

8. 好好吃飯、好好睡覺、有事可做。

要真心實意地相信：一個人吃得好、睡得好、規律地有事可做，就能夠使你有彈性和韌性面對人生大部分的情緒困擾。

不要小看日常生活的力量。

我該如何幫助疑似憂鬱的親友

如果你的親人或朋友疑似患上了憂鬱症，除了帶他們及時就醫之外，還有幾點需要大家注意：

1. 憂鬱是一種嚴重的疾病，不要低估憂鬱症的嚴重性。憂鬱會耗盡一個人的能量、樂觀和動力。憂鬱症患者不可能完全靠意志力「振作起來」。

2. 憂鬱症影響的不只是一個人。憂鬱可能會導致當事人很難與身邊的人建立並維持深厚的感情，即使是他們最愛的人。有時候他們會說出傷人的話或發洩憤怒。記住，這時是憂鬱症在說話，而不是你所愛的人，所以儘量不要把那些話當成是針對你個人的。

3. 掩蓋問題並不能解決問題。如果你試圖找藉口掩蓋問題，或者為憂鬱的朋友、家人的病情撒謊，這對任何人都沒有幫助。事實上，這可能會阻礙憂鬱症患者尋求治療。

4. 他們不是懶惰或沒有動力。當一個人正遭受憂鬱症折磨時，僅僅是想一些事情都可能讓他們筋疲力盡，更不要說付諸行動了。所以在鼓勵你所愛的人邁出恢復的第一步時，要有耐心。

5. 陪伴和理解勝過指導。儘管你很想讓他們快快好起來，但作為非專業人士，你無力將某人從憂鬱中解救出來。相比於急於為憂鬱症患者提供建議或指導，承認他們現在面對的艱難和痛苦可能是他們更需要的，這時只要耐心地陪伴他們就好了。他們需要的是被理解和被看見。

地獄天堂皆在腦中：關於雙相情感障礙的一切

「她會無緣無故地變成一個暴怒的怨婦，聲音可以瞬間變得尖刻、刺耳，眼神尖銳到駭人；舞臺上的她頻頻崩潰，忘詞、唱錯、攻擊同台演員。但當她安靜下來時，又楚楚可憐得像一個受傷的小孩」。

費雯·麗（Vivien Leigh）給予我們的印象可能是《亂世佳人》中那個活潑耀眼的斯嘉麗，但她患有雙相情感障礙已不是秘密。飽受雙相障礙折磨的她，以健康為代價，換取了短暫而耀眼奪目的一生。

這一節，我們想聊聊關於雙相情感障礙你需要知道的一切。

什麼是雙相情感障礙

雙相情感障礙，也稱為躁鬱症，是一種躁狂與憂鬱交替發作的嚴重精神疾病。

躁狂發作是雙相情感障礙的標誌性特徵。主要的表現有：

• 心境高漲：心情極好的同時也容易被激怒。

• 思維奔逸：個體的思維比語言表達的頻率更快，且能在不同話題之間快速轉換。有時候因為想法塞滿腦子以致於難以表達。

• 活動性增多：變得極為健談，語速快，且話語內容誇張。

• 自尊膨脹，伴隨衝動行為。

● 睡眠需求減少：長時間高效率工作還不覺得累，不需要或只需很少的睡眠。

憂鬱發作是雙相情感障礙的另一大特徵。雙相障礙中憂鬱發作期的症狀往往與單相憂鬱症相似，在臨床上常常難以區分。患者在憂鬱發作時，也會表現出心境低落、喪失興趣和活動性減弱等憂鬱表現。而只有情緒低落的時候，他們才會有求助的念頭，而正是因為大部分患者都是在憂鬱期就醫，雙相障礙很容易被誤診斷為憂鬱症。因此，當你察覺到身邊的朋友或親人有憂鬱的症狀時，也要留意他是否出現過（輕）躁狂的症狀。

令雙相情感障礙患者最痛苦的是，他們的憂鬱和躁狂是交替發作的，可能你會看到他們在某段時間情緒特別高漲，甚至覺得自己是人間的主宰。有時他們又特別憂鬱，難過到不想再繼續活下去。

一位雙相情感障礙的患者曾對我們說：「有些人光是為了活著就要竭盡全力了，那就是我。」

一些對於雙相的誤區

經歷過痛苦的人，往往才會更理解別人的痛苦。沒有經歷過的人們常常對心理疾病有一些誤解和迷思。尤其像「雙相情感障礙」這種在字面上就給人的想像力以巨大發揮空間的詞，對於它的誤讀往往是兩極化的。

1. 雙相只是心情的正常起伏。

很多人會輕視雙相情感障礙，認為它可能就是「一下子高興，

一下子難過」的狀態，甚至人們會胡亂地把「雙相」的標籤隨意貼在別人和自己身上。

這對於真正飽受雙相障礙痛苦的人們來說，是非常不公平的，就像以前我們輕視憂鬱一樣，認為憂鬱症患者只需要「積極點」就可以了。

雙相障礙的患者總是游走於天堂與地獄之間，這種飆升和跌落感伴隨著他們度過一個個掙扎的日夜。作為正常人，我們會主動去玩自由落體尋求刺激，但如果讓你想像這一輩子都在自由落體上過呢？這可能就是雙相患者們的痛境。

2. 雙相偏愛天才？

有人認為，雙相情感障礙是一種「天才病」，是人類為了換取智慧和創造力所付出的代價。許多軼事和傳記記錄也一直呈現著這樣一種趨勢，好像患有雙相障礙、精神分裂症等精神障礙的人似乎都是天才，都有獨特的世界觀。

美國精神病研究者凱‧雷德菲爾德‧賈米森（Kay Redfield Jamison）在《躁鬱症與藝術家氣質》一書中，列出了一系列可能患有雙相障礙的名人名單，其中作家、藝術家和作曲家占絕大多數，豐富的想像力和創造力是他們疾病黑暗中留存的一絲光明。

雙相障礙是很嚴重的精神疾病，它所帶來的痛苦足以將人擊倒，媒體經常宣傳的「天才躁鬱患者」是一種倖存者偏差，南派三叔自曝患有躁鬱症，也加深了這種倖存者偏差的印象。雖然能夠創作出無與倫比的藝術聽起來極具吸引力，但是雙相絕不值得追尋。

3. 雙相存在一個切換情緒的開關。

很多人認為雙相情感障礙患者在躁狂和憂鬱之間的切換是一

種很神奇的事情。有些躁鬱症患者也隱約能察覺到自己找到了一個「開關」，可以自己選擇隨時開啟躁狂的狀態。

確切來說，並不存在一個真正的「切換開關」，只是當患者在進行某些活動時，腦內激素的分泌水準影響了神經活動，從而觸發了躁狂的狀態，這其實是一個轉換的過程。

正常情況下，患者並不能預期自己下一秒的狀態是怎樣的。情緒的波動也不是他們所能夠完全「控制」的。

患了雙相障礙之後的路

雙相情感障礙是一種難以完全療癒的精神疾病，經藥物治療康復的患者，在停藥後一年內的復發率也較高。

除了生理上服藥來減緩痛苦之外，心理治療在康復期起到了重要的輔助作用。如果患者在用藥維持情緒穩定的情況下，同時接受心理諮詢或治療，那麼復發的可能性會大大減少。正念技術、認知行為療法等都被證明是治療雙相情感障礙的有效措施。

雙相患者會一直處於躁狂與憂鬱交替進行的狀態，對於家人、伴侶和朋友來說，這是一件令人心碎又頭疼的事情，他們起伏的狀態、「不可理喻」，會消耗掉周圍人的關心和耐心。

但對於病人來說，所處的家庭環境和社會環境寬容是緩解病情的重要因素。來自親人的社會支援以及包容、陪伴會提供一個良好的癒後環境，是預測患者之後情緒穩定性的有效指標。

理解成癮：人們從「成癮行為」中尋找什麼

2019 年 5 月 25 日，世界衛生組織 WHO 宣布遊戲成癮被正式列入精神疾病（國際疾病分類第 11 次修訂版）。並給予遊戲成癮的標準一個明確的規定：

- 無法控制自己玩遊戲的時間和強度。
- 玩電子遊戲越來越優於其他生活興趣。
- 即使有負面後果也持續或增加玩遊戲的時間。

可如果將這一診斷標準中的遊戲「二字」換成其他詞，如學習、運動、小說、手機、追星……好像也說得過去。但精神疾病中卻沒有學習成癮、運動成癮、追星成癮這樣的診斷。說到底，也許成癮根本不是遊戲的錯。作為一種中性工具，任何事物都可能造成一些消極的影響，但也可以被積極利用。

什麼是成癮

提及成癮，我們一般會想到兩大分類。物質成癮：如酒精、毒品等；行為成癮：如沉溺遊戲，瘋狂購物等等。成癮的核心特徵是：明確知道自己的行為有害，卻無法自控。我們知道過度酗酒會對身體造成危害，過度「買買買」的「剁手黨」們會還不起信用卡帳單。但我們已經失去了控制，我們對這些行為有著非常

強烈的渴求欲望，無法停止。需要提醒的是，有些人沉浸在玩手機，刷微博微信中，但並沒有達到依靠這些行為來生活的地步。那麼，這種狀態並不是真正的「成癮」。

劫持大腦的小惡魔──成癮的原因

成癮的原因主要分為生物學原因和心理學原因，在這兩個小惡魔的共同作用下，我們不知不覺地淪陷了。

1. 成癮的生物學成因。

很多時候，我們將成癮行為歸罪於個人意志力的薄弱。實際上，當成癮真正形成的時候，事情已經不僅僅關乎意志力，而是關乎大腦結構了。我們所攝入的化學物質和行為都會改變我們的大腦。這些改變會影響我們的判斷力、控制力等等。

如何做出改變？成癮的生物學成因一直處於研究中，複雜多樣。例如，有研究證明，成癮物質會損害人體大腦中的前額葉皮質與杏仁核。前額葉皮質是掌管我們控制、判斷和計畫的區域，杏仁核則負責我們的情緒功能。當大腦中的這兩者遭到破壞時，自然會對我們的行為產生嚴重影響。

另一個被廣泛接受的解釋是多巴胺。多巴胺是一種由大腦分泌出來的，能讓我們感受到快樂和愉悅感的物質。在食物、性以及成癮物等令人愉悅的事物的作用下，多巴胺的分泌會增多，從而啟動大腦內部的獎賞迴路，給人帶來強烈的快感。

2. 成癮的心理學成因。

在我們還是嬰兒的時候，我們需要去形成依戀關係，這些關係通通投注到了我們的原始需求上：食物、愛撫和別人對你的關注與愛等等。嬰兒怎麼表達這些需求的？哭、鬧、踢腿、賣萌、笑、擺動身體。他們試圖引起撫養者的注意，其潛在訴求是：我要吃飯，要你來安撫我等等。在這個過程中，如果撫養者沒有及時提供或滿足需求，嬰兒就會產生非常憤怒的情緒。他會哭得更厲害，有的小孩可能會直接把自己封閉起來。

如果這種需求持久性地得不到滿足，慢慢地，嬰兒就會對外界形成這樣的一個信念：撫養者也好，其他人也好，整個世界都是不能相信的！因為他們沒能在他需要的時候滿足他的基礎需求。

但人需要活下去啊，我們需要食物、水、安撫和關注。於是，我們會將一些最原始的需求，即對食物、對性以及對一些快感的追求變成我們最信賴、最依賴的物件，而不是尋求與其他人建立聯繫。這就形成了一種成癮模式，把其他人隔絕在外。

還有一些人有著挺穩固的依戀關係，但為什麼經歷一些事情後會對某些事情上癮？這是因為，當我們經歷創傷後，我們又會重新回到最初形成依戀關係的狀態，我們會「退化」。那個時候，當我們只能抓住／使用一樣東西或一個策略時，我們就會跟這個東西建立聯繫。比如說，我知道喝酒可以讓痛苦暫時好受一點，那我可能就會跟酒精手拉手變成了好朋友。

而從「社會學習論」的角度看，成癮是因為當事人受到了家庭或環境的影響。如果家裡或周圍有很多人吸煙喝酒，那你可

能也會感染這些習慣，再慢慢地變成濫用或者是依賴性的使用。又比如，父母曾經常常使用酒精來排解自己心中的鬱悶或壓力，那麼當你經歷壓力時，你也會學習著使用這種方式來迴避自己的痛苦。

一些慢性疾病也會引發成癮行為。美劇《生活大爆炸》裡的 Raj 平時不能跟女生說話，他只有喝酒的時候才能跟女生說話。很明顯的，Raj 是一個患有社交恐懼症的人，他需要通過一些手段或東西來處理這種疾病帶給他的困擾與痛苦，以做到正常生活工作。對他而言，最方便的，最易於獲取的，就是酒精了。

測量你的成癮程度

成癮有非常多的測量手段。有一個最簡單粗略的評估手段，叫作「CAGE 評估表」。這是一個問卷，有四個簡單的問題，根據這四個問題，你可以粗略評估一下自己的成癮狀態。

C，CutDown，即減少。指你是否嘗試過減少使用你成癮物件的使用頻率？比如說你很愛喝酒，你有減少過喝酒的頻率或者喝酒的量嗎？

A，Annoyed，即發火生氣。指當親人朋友對你喝酒、打遊戲甚至是賭博等其他行為有異議並進行指責時，你會發特別大的脾氣嗎？

G，Guilt， 內疚。即你有沒有對自己喝酒或其他成癮行為產生了很內疚／愧疚的心理？

E，Eye-opener，也就是現在大家常說的早上一睜眼就會摸出手機，刷朋友圈和微博等等。又或者，早上一醒來，必須要喝杯咖啡或酒，通過某種物質才能將生活繼續下去。

在 CAGE 的四個問題裡，如果你有兩個以上（包括兩個）的回答是「yes」。那你可能就需要注意一下自己是不是有成癮傾向。當然，這個評估是非常簡單和粗略的，它不一定代表我們百分之百有成癮的行為。

成癮與戒癮的誤區

1. 成癮是他們自作自受。

很多人認為，成癮的人是在自作自受。因為是他自己選擇去吸毒，酗酒，或者賭博，那就要自己去承擔後果。的確，很多成癮者一開始是自願使用某些物質來追求快感。但很多時候，這些嘗試都是試驗性的，偶爾為之的。只是我們忽略掉了那些危險的「物質」，低估了他們對大腦造成的危害。

我們過分地指責成癮者，有時候反而會給他們造成更多的困擾，讓他們產生病恥感，從而沒有辦法更好更快地接受治療。很多時候，成癮者及其家人非常痛苦的一個原因就是，外人總是批判成癮者意志力差，沒有能力去戒癮。但實際情況是，這已經不是我們想不想戒的問題了，而是大腦受到了損傷，不聽使喚了。

2. 容易成癮是因為性格有缺陷。

「有些人容易成癮，那是因為他們的性格有缺陷「——這是一

個常見的汙名化問題。我們每個人都容易對身邊的事情成癮，比如吃飯、性生活等等。只是，在「過量」的行為之下，我們的大腦會被改變，不再受控制。更多的時候，如我們剛剛了解到的那些成因一樣，成癮是在很多微因素的影響之下形成的。如環境、家庭的影響、策略反應等等。而不僅僅是因為性格有缺陷造成了成癮。

3. 戒癮不需要心理治療的輔助。

以酗酒為例，我們經常只把酗酒者送去生理戒毒，而不關注其是否需要心理戒毒。當生理戒毒，而心理上並沒有戒癮的時候，成癮行為是很容易復發的。然後我們又會用很多常見的誤解，如性格、意志力等因素來指責成癮者，徹底忽略心理因素。

理想情況是，當你完成了生理戒毒後，醫生會根據你的情況來決定是繼續住院治療還是回家，參加一些門診治療或心理治療。從科學研究角度來說，相對比較有效果的心理治療方式是認知行為治療。還有一些治療師會加入正念、冥想等理念到治療中去，來幫助成癮的人重新恢復到沒有毒品、沒有成癮物質的生活中去。

理解強迫症：陷在自己思維中的「薛西弗斯」

生活中，我們常常用強迫症自嘲：

「我喜歡把家裡的東西歸置整齊才看得舒服。大概我算是有點強迫症？」

「我是不是有強迫症啊，我看見 APP 上面的紅點一定會點掉。」

「標題叫《逼死強迫症系列》的視頻，裡面全是擺列不整齊的物品，比如缺一塊的拼圖。」

但嚴格意義上的強迫症，屬於一種精神疾病，有明確的診斷標準。上面這種輕度的強迫習慣和真正的「強迫症」，其實有挺大的區別。

也許你有疑問，自己的強迫症到底是真的還是假的？這兩種有什麼區別？雖然沒有強迫症，但有想改掉的強迫行為，應該怎麼辦？

讓我們從電影《飛行家》裡面，萊昂納多飾演的典型強迫症患者——霍華德‧修斯說起。

他有多瘋狂就有多脆弱：強迫症的世界

電影《飛行家》中，主角霍華德‧修斯是一個商業天才，獲得

了巨大的事業成功，但另一方面，他又飽受強迫性想法和強迫性行為的折磨，生活和感情波折重重。

作為一個名副其實的強迫症，霍華德・修斯在生活中具體都有哪些表現呢？

1. 強迫性想法。

（1）害怕細菌或汙染。

在霍華德和赫本的約會中，赫本發現霍華德的飛機手柄上纏著一圈膜布。她問霍華德為什麼要給方向盤裹上玻璃紙，霍華德回答說：「你不會想知道方向盤上都有什麼的。」

霍華德害怕無處不在的細菌和病毒，以至於隨手觸碰的物品都要裹上玻璃紙防止接觸。

（2）事物對稱或完美順序。

電影中幾乎各處都在提霍華德的這個習慣。在處理工作時，霍華德吩咐手下送來巧克力，他打電話要求「巧克力要中等大小，不要離邊緣太近」。

一旦他需要的規則被破壞或是不正確，他會感到反胃噁心，甚至崩潰。

2. 強迫性行為。

（1）過度清潔和（或）洗手。

作為常見的強迫症患者表現，霍華德的強迫性洗手發生在接觸物品之後。他拿出小時候母親給的那塊香皂，近乎瘋狂地雙手搓拭，直到手被搓破流血才停下來。

（2）以特定、精確的方式排序和安排事物。

排列準確的豌豆和沒有開蓋的瓶裝奶是霍華德的用餐習慣。在這一幕中，同伴玩笑中奪走了他餐盤中的一顆豌豆，在設定好的規則被破壞後，霍華德立刻開始坐立不安和焦慮，最後無法忍受地起身離開了餐廳。

（3）反覆檢查物品。

霍華德的完美主義特別體現在工作中。在製造新型飛機的過程中，他非常在乎每一根釘子是否排列整齊，飛機的外殼夠不夠平滑，以及需要反覆挑選他心中最完美的方向盤。

（4）強迫性計數。

在挑選方向盤的過程中，霍華德突然開始無法控制地重複同一句話，他不斷地重複，只能捂著嘴強制自己停下。

為了停下來，他開始拼讀「Quarantine」這個單詞，從「Q」開始，到「E」結束。他一遍又一遍地拼讀——這就是他的強迫性計數方法，他在用這種方式讓自己冷靜下來。

我們能看到，霍華德的所有強迫行為都是為了應對強迫思維而實施的，但事實上，這些強迫行為並不能減少他的痛苦。

強迫症患者就像是陷在自己思維中的「薛西弗斯」，無休止地將石頭推上山頂，石頭立馬從山上滾落，之後繼續推石頭上山頂，在反反覆覆的行為中忍受著煎熬。

強迫人格和強迫症：搖擺在譜系的兩端

也許你在霍華德的一些行為中看到了自己的影子，但這並不代表你就是強迫症。

我們可以把人格特質理解為一個譜系，適度是健康的。

這些人雖然也有一些強迫行為的特質，像是完美主義（對細節、程式過分關注）、固執（堅持按照自己的規則來，缺少彈性）等，但他們的內在自我是協調的，沒有衝突的，這些強迫行為是為了處理內心的感受，只是和他相處的人會覺得難受。

但是，當這種人格特質失去了彈性後就會滑向不健康的部分，形成「強迫及相關障礙」。強迫症就是強迫及相關障礙中比較普遍存在的一種，除此之外還有軀體變形障礙、拔毛癖、囤積障礙以及物質或藥品濫用導致的強迫行為。

如果一個人的強迫行為到了強迫症的程度，內心會面臨非常強烈的衝突，「我不想這麼做，但我不得不這麼做。」他們會遭受幻想、強迫行為的痛苦，有些患者甚至會選擇自殺。

作為一種精神類疾病，強迫症有著嚴謹的診斷標準，它需要評估多種因素，包括這些強迫性思維和行為給你帶來的痛苦程度，以及對你的實際生活造成的影響程度。

強迫症患者通常會：

● 感受到反覆的、持續性的、侵入性的和不必要的想法或衝動，大多數會引起顯著的焦慮或痛苦。

● 有大量重複的、無意義的行為（例如：洗手、排序、核對）

或精神活動（例如：祈禱、計數、反覆默誦）。

● 這些想法或行為是耗時的（例如，每天消耗 1 小時及以上，持續超過兩週），導致社交、職業受到影響或其他重要損害。

所以，如果只是有一些輕微的強迫行為，千萬別再給自己隨便扣上強迫症的帽子了。

強迫行為是天生的，也可能是環境造就的

看到這裡想必大家會好奇，為什麼一個人好端端的會出現強迫行為呢？是天生的嗎？

其實它的形成原因非常複雜，下列這些因素可能與強迫行為的出現有一定的關係：

1. 嚴苛的教養方式。

父母採用彈性的、沒有情感理解的教養方式，將人和行為混為一談，比如孩子做錯了一件事，就被父母當作一個糟糕的人進行懲罰。可能會使兒童對自己承諾過高的期待，追求完美主義，如果自己沒有達到目標，會體驗到強烈的羞恥感，從而更容易形成強迫人格。

2. 孩子生長在一個完全相反的、非常混亂的環境中，也會促使強迫行為的出現。

比如孩子生活在一個父親家暴、母親酗酒的混亂家庭中，他幼小的心靈無法處理這樣複雜恐懼的狀況，就容易發展出一些強迫性思維和行為。

他會忍不住思考大量無意義的細節，以此將自己的情感隔離開，來壓抑感受，抵消恐懼和憤怒。除此之外，他還容易變得極度「理智化」，把自己的感受貶低成幼稚、脆弱、失控、雜亂和骯髒的情緒，覺得脆弱是不能表達的。這些都是為了在無助的環境中獲得控制感和安全感，用來保護自己。

3. 遺傳和生理性因素會加劇強迫人格演化為強迫症。

根據相關研究顯示，病人罹患強迫症後，後代強迫症發生率大概是沒有強迫症疾病史人群的 2 倍；如果上一輩親屬的強迫症為兒童期或者青春期起病，那發生率則會增加 10 倍。

電影《神鬼玩家》的開始，就是霍華德患有強迫症的母親邊一字一字地教小霍華德拼寫「Quarantine」這個單詞，一邊用那塊香皂給小霍華德洗澡。霍華德的強迫性計數儀式也是母親教會的。

如果我有強迫行為，應該怎麼做？

雖然我們談論了很多關於強迫症的嚴重之處，但是也不用太擔心。事實上，我們每個人多多少少都會有一些強迫性行為，有些強迫行為還挺可愛挺有趣的。只要你的行為並沒有給自己造成嚴重的困擾，也不對其他人產生影響，就屬於健康譜系中。

但如果你想調整自己的一些強迫性想法和行為，可以試試下面這些建議：

1. 首先，要允許自己犯錯，允許自己做個普通人。

學會區分人和行為，人人都會犯錯誤，做錯事並不意味著你

就是個糟糕的人。儘管改變這一想法可能是困難的，但是不妨先試試在指責自己時放下這種執念。

2. 要鍛鍊自己容忍焦慮的能力。

你可能並沒有像強迫性計數這樣明確的緩解焦慮儀式，但會反覆地確認一些東西，比如出門後不停地回想是否鎖門。先等一等，不要著急去做什麼，試著忍耐一下。焦慮在到達峰值後很快就會平靜下來。

3. 多體驗和享受自己的情感。

尤其是憤怒的情緒，很多時候那不是指向別人的，而是指向你給自己設立的過高的目標和束縛。

4. 最後，假如自己的症狀已經嚴重到影響生活，一定要去尋求專業的治療和幫助。

強迫症屬於精神類疾病，存在一定的自殺風險。而且不經專業治療，成年人強迫症的緩解率是比較低的（40 年再評估的緩解率是20％），兒童或者青春期患病的個體可能會導致終生的強迫症。

總之，在盡可能的情況下，不要一個人默默掙扎。

希望每一位強迫者都能得到應有的理解和尊重。

進食障礙：深度理解「好好吃飯」

吃，是人生的第一奧義。

從基本層面來看，進食是為了維持生命；往大方向說，吃是人生的快樂體驗。然而，在這個充斥著焦慮的時代。「好好吃飯」對很多人來說，成了個難事。在一個充斥著身材焦慮的社會裡，很多人小心翼翼地控制著飲食。有些人，則將情緒與吃聯繫在了一起，變成了情緒性進食，有些人甚至產生了「進食障礙」。因此，重新審視「吃飯」這件小事，深度理解「好好吃飯」這件大事，成了我們的一門必修課。

什麼是進食障礙

進食障礙的特點主要為：不正常的進食行為，以及對體重和身材的過度擔心。主要的類型包括神經性厭食症、神經性貪食症與暴食症。

神經性厭食症患者會對自己進食的食物有嚴格的限制，導致體重短時間內劇烈下降。他們一般都非常瘦弱，雖然體重已經偏低，但他們依然會對自己的體重和身材感到不滿意，並出現嚴重的焦慮和抑鬱情緒。

患有神經性貪食症的病人存在著暴飲暴食以及清除兩種行為。

暴飲暴食指的是病人會在短時間內進食大量的食物，但是為了控制體重他們又會做一些清除行為，比如催吐、絕食、過度運動或者使用瀉藥。他們一般會隱藏自己的這些行為，體重有可能忽高忽低，有些人的體重是正常的，也有些人偏重或者偏輕。

暴食症的主要特徵是反覆發作的暴食。暴食期間，患者進食速度快，吃得多，並且通常伴隨著對進食的失控。它與神經性貪食症的暴食症狀相同，但不同的地方在於，患者並未有代償行為。

我們可以簡單地把神經性厭食症理解為不吃東西，神經性貪食症是暴食後又催吐，暴食症則是吃太多的東西。這些進食障礙的共同特點是患者都存在嚴重的心理障礙和痛苦，一般還伴隨著焦慮、抑鬱、強迫等症狀，以及身體上的併發症，很容易引起內臟器官的衰竭，嚴重影響身體健康。上述幾種進食障礙，尤其是神經性厭食症和神經症貪食症都可能致死。一項對神經性厭食症的長期追蹤研究發現，大概 20% 的患者會死亡，超過 5% 的患者會在 10 年之內死亡。所以進食障礙是非常危險的，不能簡單地當作一種生活方式。

從 20 世紀中葉開始，研究人員已經將進食障礙納入了正式的研究軌道。到了七八十年代，隨著進食障礙患者的大量出現，這個問題進入了大眾視野，並延伸出各類研究與治療手法。

進食障礙常見於青少年和成年初期的人，女性的發病率高於男性。但是研究發現，任何年齡、性別、種族、社會經濟背景的人，以及不同體型、體重和身材的人，都可能患上進食障礙。男性、兒童和老年人也可能是進食障礙患者，而非只是女性、肥胖

或瘦弱的人才會患病，這一點是我們都需要認識到的。

導致進食障礙的原因是什麼

1. 情緒性進食。

我們吃東西有時不僅僅為了填飽肚子攝入營養，還有可能是為了自我安慰、緩解壓力和表達憤怒。是的，情緒性進食指的就是這種透過吃東西來滿足情感需要的行為。但是，心病還需心藥醫，情感上的空虛寂寞冷也無法簡單地用幾桶洋芋片解決問題。搞不好還會威脅到我們的身心健康。

很多研究發現，紊亂的進食行為通常與不科學的情緒調節策略有關。例如暴食症患者通常在體驗到極端情緒之後會透過過度地攝入食物達到暫時性的情緒舒緩。厭食症患者也面臨無法表達自身情緒的問題，因此希望透過過度節食來表達自己內心的憤怒和不安。因此負面情緒的鬱結，與負面情緒得不到及時有效的調節，常常是引發進食障礙的原因。

2. 扭曲的身體意象。

身體意象指的是對自己身體的美學認知，例如，自己的體形是否符合大眾審美，自己的身材是否對異性有足夠的吸引力等等。人們在青春期達到身體發育的第二個高潮，第二性征也開始凸顯。無論是男生還是女生都開始格外關注自己身體的發育，在頭腦中逐漸形成對自己體態的認知與評價。這種評價通常受到同伴和家人的影響，主流價值觀對某一性別人群的體形推崇，也會對這種

自我評價產生重要影響。

隨著主流文化和社會輿論對於「骨感美」的推崇，無論男性還是女性都開始逐漸內化這種理想化的體形特徵，並以此為參考標準評價自己。由於很多進食障礙患者（尤其是厭食症和貪食症）過度內化這種評價標準，對自身體態產生了不滿意的情緒從而使身體意象發生了扭曲。

研究表明，厭食症和貪食症患者感知到的體形是實際的兩倍，這種扭曲的認識進一步加重他們對體形的不滿意，帶來了節食或是催吐行為的惡性循環。

3.創傷性事件。

心理學中的創傷指的是帶給內心極度痛苦的事件，一些重大的身體傷害、災難性的事件或是關係上的衝突都有可能成為創傷性事件，如地震、海嘯、戰爭、親人離世、性侵、身體虐待、欺凌等等。

不同的人在面對創傷性事件帶來的心理衝突時會採取不同的方式，當然，進食障礙也是人們在應對創傷性事件時的一種非適應性方式。

研究發現，童年時期的性侵害、情感虐待、身體虐待以及同伴忽視都可能成為引發進食障礙的原因，有的患者在年齡較小時發病，也有患者可能在成年期表現得較為明顯。對於貪食症患者來說，暴飲暴食通常是一種應對痛苦情緒的自我保護機制。

有時，進食障礙也經常伴隨著創傷後應激障礙發生。經歷過創傷性事件後常常會出現當時情景的倒敘現象，使人產生極度的

痛苦與無助感。大量攝入食物其實是在逃離對痛苦情緒的體驗，焦慮得到緩解，以得到一份暫時的快感。

除此之外，很多經歷過身體侵害尤其是性侵害的人，都會對身體產生羞恥感與憤怒感，在這種羞恥感的推動下，毀壞身體的欲望油然而生，伴隨著節食、催吐、暴飲暴食，都是在對那個充滿厭惡感的身體進行變相的毀滅。因此，由於性虐待產生的進食障礙也會伴隨著自我傷害行為。

4. 家庭環境因素。

在諸多進食障礙的成因中，家庭因素也起著非常重要的作用。

很多研究著眼於家庭情感界限與進食障礙的關係。在家長過度介入和捲入的家庭中，孩子有更大的可能性發生進食障礙。過分親密的親子關係模糊了成人與孩子的界限，當孩子尋求個體意識找到自我認同時，會發現很難擺脫家庭的依賴，因此通過控制自己的飲食來樹立自我的獨立意識，並向父母的約束發起挑戰。

還有研究發現，進食障礙有時會與家庭的過分保護、完美主義、嚴格要求、關注成功有關。具體來講，當父母對孩子抱以不切實際的過高期待時，孩子便想要透過自身努力滿足父母的期待。然而當他們無法滿足這些要求時，通常選擇更容易控制的方面以達到所謂的成功，如保持身材的完美，符合大眾的審美標準等等，於是節食和減重行為就這樣發生了。

另外，家庭中的一些病理性行為也會引發進食障礙，如酒精依賴和物質成癮。婚姻衝突、家庭暴力和離婚也會出現在進食障礙患者家庭中。貪食症患者通過攝入食物來排解家庭不和諧所帶

來的負面情緒，以及家庭衝突產生的創傷性體驗。

5. 其他因素。

節食行為：人們在節食減肥過程中，體形的變化受到外界環境的正向強化，會更容易加重節食的程度，導致體重可能大幅度降低，對食物逐漸失去興趣。

（1）自我意識：進食障礙有時伴隨著低自尊，自我貶低和社會拒絕。在消極自我意識的推動下，人們想要透過對身體的傷害來表達憤怒，或者達到自暴自棄破罐破摔的效果。當生活中充滿無助感時，也會透過控制飲食來獲得掌控感。

（2）人格因素：高度完美主義和自我批評的人更容易患進食障礙。他們更容易對自己的身材進行挑剔，並對自己體形上的不完美容忍度較低，無法接納個人缺陷，因此更容易採取極端的節食或是催吐行為來維持身材。

（3）其他心理障礙：患有抑鬱症、焦慮症、強迫症的患者更容易患有進食障礙，人們藉由進食來排解焦慮感，抑鬱症患者缺乏食欲更容易發生節食行為。強迫症的強迫行為中也包括強迫性進食。

如何治療進食障礙

進食障礙的治療一般包括軀體輔助治療、心理治療和精神藥物治療三個方面。具體的治療計畫要根據每位臨床患者的病情來制訂。

1. 軀體輔助治療。

軀體輔助治療主要是幫助患者改善營養不良及併發症，尤其是神經性厭食症的患者，他們常常處於嚴重的營養不良狀態，所以一開始需要制訂具體的飲食計畫，幫助患者攝入足夠的營養，恢復健康的身體狀態。嚴重的患者甚至需要進行強制治療，通過靜脈輸入營養液或者通過插入鼻管的方式進行鼻胃管餵飼。

開始補充營養的這個時期往往是很危險的，因為在長時間未進食後突然進食，很容易造成人體內電解質紊亂，所以這樣的治療必須在正規醫療機構進行。治療併發症包括應對由於嚴重營養不良導致的貧血、感染、水腫、肝功能異常、甲狀腺功能低下等問題。

2. 心理治療。

心理學上對於進食障礙的一種解釋是個體想要重新獲得對自己的控制感的表現，但是他們試圖獲得控制感的行為往往會對身體造成嚴重的損害，這些重獲控制感的努力又導致了新的失控。心理治療主要是明明患者認識到疾病和不當的應對行為帶給自己的影響，然後幫助其改變不正常的進食習慣、制訂新的進食計畫，以及從心理層面解決導致患者出現進食障礙的認知、情緒情感或家庭等方面的問題。

3. 精神藥物治療。

患有進食障礙的人往往也伴隨著不同程度的焦慮、抑鬱等情緒問題，所以通過精神科的藥物幫助患者穩定情緒、改善精神狀態，也是很有幫助的。

在正規專業的治療以及家庭支持下，進食障礙有可能被良好控制。這一過程並不簡單，越早發現並治療，康復的希望就越大。有研究表明，進食障礙的察覺和治療時間早晚與治療效果是呈正相關的。如果你懷疑身邊的家人朋友存在進食障礙的徵兆，那麼立即帶他們去醫院進行診斷和治療是非常重要的。

「好好吃飯」特別篇：告別「情緒性進食」

　　「一言不合就開吃」，是當代年輕人解決問題的重要方式。「沒有什麼是一杯奶茶解決不了的，如果有，那就兩杯」。繁重的工作總讓人忍不住「多吃一點」。然而，單純用「吃」去解決問題，只能陷入「心情不好就想吃，吃完心情更不好」的迴圈，而在這種迴圈之下，工作壓力和焦慮情緒沒有得到解決，體重倒是急轉直上。

什麼是情緒性進食

　　心理學家範‧斯特裡恩（Van Strien）將上述症狀定義為：情緒性進食，顧名思義，就是說在心情不好的時候沒有節制地吃東西。在這種情況下，食物被當成了一種彌補情感需求的工具，而不再是解決生理饑餓的糧食。

　　雖然我們常常用「吃點好吃的」來安慰別人和自己。

　　但如果「吃點好吃的」真的成了情緒的救命稻草，它可能會對我們的身心健康造成比「胖了 5 公斤」更嚴重的傷害。

「借吃消愁，愁更愁」—— 情緒性進食的負面影響

　　吃東西對緩解負面情緒有幫助嗎？答案是肯定的。

腦神經科學研究表明，面對壓力時，大腦的「交感神經系統」被啟動，我們會全身心進入一種「戰鬥模式」：瞳孔散大、心跳加快，新陳代謝亢進、肌肉工作能力增大。而「吃東西」的刺激，則會啟動大腦的另一種「副交感神經系統」，把我們的「戰鬥模式」「強行切換到修養模式」。於是，我們的主觀感受放鬆了，實現了「借吃消愁」的目標。

　　然而，借吃消愁一時爽，卻不能夠一直爽。情緒性進食的刺激無法維持很久，並且會給我們的身體和心理帶來一定的負面後果：

　　第一、自我評價降低。研究表明，面對壓力時，皮質醇激素上升會讓我們更渴望高熱量的食物。因此，高糖、高油脂、高卡路里的食物往往是我們情緒性進食的首選。

　　於是，肥胖、營養不良等健康問題接踵而至，心理上的失控感也隨之而來。這種失控感會降低我們的自尊水準和自我評價。如果你有過情緒性進食的經歷，不難體會到，當我們把食物當作對抗情緒的工具，我們甚至不知道自己吃了什麼、好不好吃，只是在重複做著「吞嚥」的動作。

　　第二、不健康的惡性循環。不可否認，「吃」是一種最容易執行的、成本最低的解壓方式。

　　然而，當「吃東西」成了我們主要的情緒應對機制，我們就陷入了一種不健康的惡性循環：負面情緒 →吃的衝動 →吃了超出需要的食物 →負面情緒。

　　一旦進入這樣的迴圈，我們就被捲入了「越來越胖、越胖越喪」的漩渦，不再有心力去解決真正需要解決的情緒問題。

「我餓了」—— 究竟是身體餓了，還是情緒餓了

要從情緒化進食的迴圈中掙脫出來，首先需要明確一個問題：當我們感到饑餓時，這究竟是生理饑餓，還是情緒饑餓？

這裡有一些標準可以幫助大家區分：

情緒饑餓 VS 生理饑餓

情緒饑餓	生理饑餓
情緒上的饑餓是突然出現的，它會在一瞬間擊中你	生理上的饑餓是逐漸出現的，不會讓你不知所措
情緒饑餓需要立即得到滿足	生理饑餓可以等待（除非你很長時間沒吃東西）
情緒饑餓需要特定的安慰食物，垃圾食品或含糖零食	生理饑餓有很多選擇，包括蔬菜等健康食物
情緒饑餓常導致盲目進食，吃飽並不會讓你得到滿足	生理饑餓只要當你的胃吃飽了，你就會感到滿足
情緒饑餓會引發內疚、無力感和羞恥感	生理饑餓不會讓你對自我感覺不好

綜合來看，生理饑餓下的「吃」是一種對自己的犒賞，而情緒饑餓下的「吃」，更像是一種對自己的折磨。

我們必須清楚，食物能夠填滿我們的胃，卻似乎沒辦法填滿心理上的缺失和不安全感。

如何告別程式化的「情緒進食」

情緒性進食的原因其實比較複雜，它就像一個安裝在我們身體裡的程式，不知道什麼時候就被啟動了。因此，這個程式的「卸載」也需要更系統的操作。

心理諮詢中的辯證行為療法（DBT）是一種廣泛應用的治療進食障礙的方法，基於這個背景，給大家提供一些可操作的具體方法：

1. 察覺問題，給自己一個承諾。

任何一種行為出現，它對我們就不會「只有弊而無一利」。相比於「我不能再吃了」這種口頭約束，察覺並理解「做出改變」對我們有什麼樣的好處和壞處，能讓我們更清晰地看到未來的結果。

列一張關於情緒性進食的利弊分析表，我們就能意識到：我們是否真的願意做出改變情緒性進食的承諾？經過理性審視的承諾，才更有可能成功。

2. 正念飲食，開始「好好吃飯」。

正念飲食，簡單來講，就是專注於我們所吃的食物，在內心重建我們與食物之間的關係。

情緒性進食的時候，我們很少關注身體在告訴我們什麼，而正念飲食，就是把我們從情緒中拉回來，有意識地感受到我們在吃什麼、吃多少、吃得飽不飽。

3. TIPP 技巧，熄滅暴食的衝動。

上面我們說道，情緒性進食給我們的安慰作用，主要來自於

它刺激了我們的副交感神經系統。

而 TIPP 技巧，同樣能夠在我們負面情緒快到極限的時候，提供「江湖救急」：

（1）降低體溫（Temperature）。

把臉浸入冷水中（不低於攝氏 10 度），屏住呼吸，試著保持30 到 60 秒；或者在眼睛和臉頰周圍敷上冰袋。

（2）高強度運動（Intenseexercise）。

通過進行高強度的有氧運動，讓我們的身體以一種降低緊張情緒的方式活躍起來，理想情況下，嘗試鍛鍊 20 分鐘或更長時間。

（3）有節奏地呼吸（Pacedbreathing）。

試著把呼吸放慢到每分鐘 5 到 6 次，這意味著我們的吸氣和呼氣一起需要 10 到 12 秒。

（4）漸進式肌肉放鬆（Pairedmusclerelaxation）。

吸氣時繃緊肌肉 5 至 6 秒，然後呼氣時放鬆，注意緊張感和放鬆感之間的區別。當我們放鬆肌肉時，對自己說「放鬆」。

TIPP 屬於耐受技巧的一種，它並不能消除我們的負面情緒，但它能夠以更「健康」的方式啟動「副交感神經系統」，防止你因為情緒而衝動地大吃特吃。

總之，偶爾的食物治癒並無大礙，但長期用「吃」解決情緒問題，則會像滾雪球一樣引發更巨大的生活困擾。

每一口食物都值得好好享受，每一種情緒都值得認真對待。別讓它們混在一起，掩蓋了彼此真實的模樣。

請不要這樣別離：關於自殺的事實與態度

　　古今中外，透過自殺的方式了結生命的名人比比皆是，但是人們的評價卻各不相同。戰國時期著名的詩人、政治家屈原，因為受讒言被逐，懷石投汨羅江；西楚霸王項羽，因與劉邦在垓下交戰失利四面楚歌，無顏再見江東父老而拔劍自絕；香港著名歌手、影星張國榮，因憂鬱症等原因於 2003 年 4 月 1 日跳樓自盡；著名的畫家梵谷在生活潦倒、情感受挫等多種壓力下，精神失常，在 1890 年向自己的腹部開了一槍……1939 年，精神分析學創始人佛洛伊德在和病魔鬥爭了 16 年之後，最終選擇在醫生的協助下接受安樂死。

　　自殺是一種複雜的個人行為，有時候甚至是社會行為，並受到社會、文化、政治、經濟等各方面因素影響，絕不僅僅是所謂的「脆弱」，也不能簡單地認為是心理障礙等一些「疾病」導致的。對於每個個體自殺，都要具體問題具體分析，而對於某一群人的自殺率，則要從公共衛生和社會學層面進行討論。

關於自殺徵兆

如果一個人有以下徵兆，你可能要注意對方是否處於自殺危機之中：

- 情緒憂鬱，一般會表達現出自我厭惡、絕望的傾向，惱怒

和攻擊性增加。

• 性格變化。

• 死亡這個主題會在交談、微信、短信、畫畫、詩或者其他作品中反覆出現。

• 出現自我懲罰的想法或者行動。

• 無法享受到生活中的樂趣。

• 越來越愛冒險。

• 短期內體驗過喪失（無論何種形式，比如喪親、離婚、失業、健康出現問題等）。

• 出現嚴重的情緒壓力。

• 強烈地感到羞恥、愧疚、孤獨或者被羞辱。

• 飲食和睡眠行為改變。

• 將自己的東西贈予他人。

• 向家人或者朋友告別。

• 開始「安排後事」。

如何幫助存在自殺風險的人

對於存在自殺念頭的人，相比於教育或者勸說，其實他們更需要的是有人「看見並承認他的痛苦」。所以，和一個有自殺念頭的人相處，有以下幾件事情需要做。

1. 穩定自己。

有自殺的念頭與馬上實施自殺是不同的，他願意分享給你說

明他有求生的意願。當你聽到時，感覺意外甚至震驚、擔心、害怕、慌亂或者內疚、生氣等，都是自然且正常的反應。

試試看把注意力放到呼吸上，自然讓吐氣加長，帶動呼吸變緩，也可以讓自己喝口水，把注意力聚焦在周圍的聲音、顏色或物體上，或者握緊、鬆開拳頭幾次，讓自己安穩下來。

2.讓他感覺到你的理解和關心。

他願意把自殺的念頭分享給你，說明他對你很信任、你對他是重要的，你可以說「我聽到了，謝謝你願意說出來，讓我知道」「你最近過得挺不容易，才有這樣的想法吧」「聽你這麼說我很心疼你，我會陪在你身邊」。

你也可以抱抱他，他哭的時候坐在他身邊，請他吃頓好吃的，送他喜歡的禮物，告訴他你對他的喜歡或欣賞等等，讓他知道你在意、關心他。

3.直接詢問他是否有自殺念頭：你是在考慮自殺嗎？

不了解危機干預的人常會擔心：萬一這個人本來沒想自殺，結果我問了他，他忽然意識到還可以自殺怎麼辦？其實不必擔心，談論自殺並不會導致當事人自殺的風險增加，因為對於一個活得很開心的人，他只會覺得你問這個問題是你有毛病（而與有可能挽救一個人的生命相比，被人誤認為有病是件多麼微不足道的事情）。

而對於有自殺念頭的人，當他聽到這句話的時候，這就意味著：有人（有可能）看見了他所承受的痛苦。這雖然不足夠，但是有了被理解的可能性。

4. 詢問他有沒有自殺計畫。

相對於青少年，成年人衝動自殺的發生率並不高，因為自殺是一件需要體力、智力、周全計畫的事情。很多重度憂鬱症發作的人沒有自殺行動，是因為生病期間體力和能力下降，使得他們無法規劃或是實施自殺的行為。所以絕大多數有自殺念頭的人，在真的開始有自殺行動前，一定會詳細地考慮自殺計畫。

當他告訴你他的計畫時，最好的應對方式還是認真傾聽。因為這個時候，他們看起來是在跟你講心中的計畫，其實在向你表達他們感受到的痛苦是如此之大，他們的絕望是如此之深刻，以至於常人所謂的「應該關心」的事情都黯然失色。而你認真地聽，能夠試圖表達：我聽到了你的痛苦，儘管不一定能夠感同身受，但是我知道你的痛苦已經讓你無法忍受。

5. 不要承諾你會為他保密。

在任何情況下，都請不要答應替他保密，請告訴他你可能會在必要的時候為他聯繫專業的機構。

「我去意已決，請千萬不要告訴其他人，我不想他們擔心」。我們在正常狀態下，面對一個痛苦的人的求助似乎很難拒絕。但是請一定（不含敵意地）拒絕他，告訴他「我理解你的痛苦，但我很擔心你的安全」「面對這樣的狀況我也很緊張，我想我們需要一些專業的幫助」「關乎你的生命安全，我會照顧你的隱私，但是我會聯繫你的家人和專業機構」。你的拒絕不一定足夠，但是有可能能夠為他敞開一些求助的希望。

6. 尋求專業機構的幫助。

自殺風險程度不同的人要尋找相應的專業機構。對於只是有自殺念頭的人（其實很多人都有過自殺的想法），建議尋找專業的心理幫助，可以去醫院的抑鬱症門診，也可以求助於心理諮詢師。對於有自殺計畫的人，請務必聯繫學校、工作單位、家人 24 小時看護，同時求助專業的醫院或者心理諮詢師。對於已經徘徊在自殺邊緣（開始實施計畫）的人，需要聯繫其家人（家人是最有可能知道線索的人）、公安局或者醫院，請危機干預專家進行干預。日後再進行轉診和心理治療。同時，大家也可以了解本地的危機干預熱線，以備不時之需。

請避免以下常見誤區

　　1. 否定、批判其想法。

　　浮現出自殺念頭的人，往往有很多負面的認知和情緒。身邊人出於關心，往往急於糾正這些負面的念頭，努力地與他辯論。

　　「我覺得活著真沒什麼意思。」

　　「活著怎麼能沒有意思呢，這麼想就不對！你看……多有意思啊！」

　　「我心理壓力真的很大，快受不了了。」

　　「你就是想得太多了。你壓力大，那我們這樣的還活不活？」

　　人們的考慮可能是：如果我表現出接納，會不會導致他的這種狀態愈演愈烈？所以急切地全面否定，爭取不留一點餘地。

　　然而，這種批判並不會讓對方轉變想法，只會感受到不被接

納、不被理解，反而陷入更加糟糕的心境，更會在下次想要向人傾訴的時候，不再信任，選擇沉默。

有自殺企圖的人向身邊的人傾訴，其實是一件好事，既是釋放，也是一種求救的信號。面對已經萬分無奈的對方，我們不需要拚命堵死那些負面的想法，而是需要給予對方一個出口。畢竟，壓抑不意味著消失，沉默中更可能爆發。

在對話中，我們要更多地了解對方的想法，並表達包容與接納。可以重複對方的感受、認可他們的情緒，但不要對負面觀點表示贊同。

可以說：「嗯，你感到活著很沒意思，很痛苦」，但不要說「活著確實沒什麼意思」。

2. 試圖通過強調旁人的付出，令其回心轉意。

第二個常見的誤區，是當聽到「我不想活了」這樣的話時，身邊的人有時會著急勸說道：「你看爸媽養你這麼大多不容易啊，你看朋友們最近為你的事情那麼操勞……」

這些話的本意可能是「你看，還有那麼多人關心你，愛著你」；也可能是出於對有自殺傾向者的不理解，認為選擇自殺是一件很不負責任的事，哪怕為了親人和朋友，也不該這樣做。

然而，無論出於什麼原因，這都是不合適的。憂鬱症的症狀之一就是過分的內疚感（DSM-5），當患者聽到旁人為自己付出了多少時，可能會加倍地內疚、自責、認為自己活著只會拖累別人。

這時我們應該明白，憂鬱症患者不是自己想要得病的，而自殺的念頭，也是出於痛苦。這不是一種不負責任的行為，不是他

們的錯。其次，不要用他人給他們施加壓力。如果想要表達身邊人的關心和愛，不要強調付出了什麼，而要表現出真正的支持、接納、包容的態度。

3. 避談自殺。

為了不刺激到對方，人們往往千方百計地避免談及自殺。

也許對方剛要開口，「我這幾天看著窗戶，心想如果跳下去……」身旁的家人便立刻緊張地岔開話題，「哎呀想什麼呢！快看看我今天給你買了什麼！」

當然，這和第一個誤區類似——不說出來，不代表沒有。你不提及自殺，不代表這個念頭就不會在他腦子裡出現，沒有在醞釀之中。

當有自殺企圖的人主動提起這個話題時，這也可能是一種求救信號，在表達自己有多痛苦。最壞的可能性不一定會發生，但我們必須要重視。不必大驚失色，也不應迴避。在交流和傾聽中了解對方的感受，這對他們來說是一種分享和釋放，作為親友的我們也可以獲得更多的資訊，甚至在關鍵時刻拯救生命。

4. 在其突然好轉時，放鬆警惕。

作為一直關心著他的家人或朋友，一直以來也會受到深深的折磨。

然而，如果某一天你看到平日裡鬱鬱寡歡的他突然精神抖擻、情緒激昂了起來，抑或是突然變得輕鬆而平靜，是否有一種如釋重負的感覺？但實際上，這可能是一種更加危險的信號。

憂鬱症患者突然異常的情緒高漲，不一定是有所好轉，很

有可能是躁狂的表現。躁狂發作也是心境障礙的一種。此外，那些突然的輕鬆、平靜，或者其他的「好轉」跡象，也有可能是因為，他已經決定了走向死亡。那些「好轉」的跡象，也許只是做出了這個重要決定之後的釋然。

因此，我們必須給予突然的「好轉」足夠的重視，可以帶對方去精神科進行檢查。同時，不能放鬆警惕，加強預防其自殺的措施。

5. 阻止其就醫。

不止一次看到類似的求助：我心情低落很久了，覺得生活毫無意義，一度想要自殺。一種求生的慾望促使著我去醫院檢查，但是父母不同意。他們說，你就是心情不好，沒什麼大事。萬一被扣上憂鬱症的帽子，讓別人怎麼看你？抑或是：被確診為憂鬱症或憂鬱狀態，醫生開了藥甚至建議住院，但是家人覺得沒必要吃藥住院，他們覺得痛苦到想要自殺的念頭都是兒戲，只要自己調整一下就好了。

這種情況並不少見，憂鬱症的汙名化，如今依舊存在，身邊人的誤解不僅大大妨礙了憂鬱症患者接受正確的治療，還讓他們感到羞恥和自責，甚至加重病情。

因此，作為患者的家人和朋友，要正視憂鬱症以及它可能帶來的自殺念頭，不要諱疾忌醫。憂鬱症作為一種可以明確診斷並可以治療的疾病，與其他任何疾病沒有本質區別。它並不是出於太脆弱，不應該被責備，也不意味著「不正常」，只是意味著「生病了」。並且，它和生理疾病一樣需要引起重視。

Chapter 2　認識原生家庭：彌合自己

有些種子，童年時就埋下了

第三章　家庭中常見的舊傷口

那 兩 個 本 該 最 愛 我 的 人

如果我們在潛意識心智的深處，可以將對父母的怨懟清理到某個程度，並且原諒他們曾經讓我們遭受的挫折，那麼我們將能夠與我們自己和睦相處，能夠真正地去愛他人。

—— 梅拉尼‧克萊因（Melanie Klein）《愛、罪疚與修復》

父母、原生家庭、依戀關係是我們不斷討論、永遠牽絆的話題。

童年留下的創傷，會持續一輩子嗎？父母的暴力溝通方式，真的會原封不動地「遺傳」給我嗎？

在這一章中，我們將聚焦於童年期的「親子關係」「代際創傷」「依戀模式」這幾個方面，一起討論解開原生家庭「魔咒」的辦法。

情緒暴力：父母常犯的幾個溝通錯誤

「你再這樣，媽媽就不喜歡你了。」「你要是不好好吃飯，就不讓你看電視了。」「你聽不聽話啊！這孩子怎麼這樣啊。」這些話我們小時候經常聽，長大經常講，並不覺得這有什麼問題，可實際上這些言語是帶有「暴力」的，常常會引發家長和孩子的痛苦。看完這篇文章，或許你會發現，其實你一直在和孩子進行「暴力溝通」。

無處不在的暴力溝通

暴力溝通無處不在，而我們卻常常視而不見。生活中，父母與孩子溝通時有五種常見的暴力模式。

1. 操縱。

人們很會透過示弱引發他人的愧疚感，從而操縱對方，有時家長對孩子也是這樣。

父母會說「你這麼不聽話，爸媽的心都傷透了」，這時父母把自己置於劣勢，讓孩子覺得是他的行為導致了父母難過，他應該負責。通過情感上操縱，父母迴避了自己的責任，也在強迫孩子按照自己的期待生活。

2. 進行比較。

「別人家的孩子」這種可怕的生物，可能在每個人的童年都

出現過,「你看看那誰家孩子,你怎麼就不行」。美國作家丹·格林伯格(Dan Greenberg)在《讓自己過上悲慘生活》(*How to Make Yourself Miserable*)一書中,詼諧地揭示了比較對人們的影響:「如果真的想讓自己過上悲慘的生活,就去與他人做比較吧。」暴力溝通不只是打罵,還有可能是讓孩子一直身處於比較之下的自卑中。

3. 強制。

強制是指對於別人的要求暗含著威脅意味,如果不配合,將可能受到懲罰,這是關係中的強者常用的溝通手段。在親子關係中,父母便是強者。家長們會有一種使命感、責任感:我是你爸爸(媽媽),我的職責就是管教你。父母常常希望樹立起一個威嚴的形象,有些家長甚至以「孩子很怕我,我一瞪眼他就不敢說話」為榮,因此在言語中總是盛氣凌人,將建議以命令的語氣發出:「回你自己的房間去!現在!」

4. 身體暴力。

兒童虐待是典型且明顯的暴力。人們可能會覺得虐待這個詞過於嚴重,有點被嚇到,但是有些場景可能很普遍。比如,因為孩子不聽話,父母照著孩子身上就是一巴掌,孩子嚷嚷著「我要告你虐待兒童」。家長可能覺得又好氣又好笑:「拍你兩下就虐待了?還敢告我了?」家長會解釋:「我也不想打你,但你做得太過分了!」解釋自己是在情急之下沒忍住,才打了孩子兩下。這都不該是暴力產生的藉口。

5. 冷暴力。

兒童情感忽視,即通常所說的冷暴力,是指父母沒能給予孩

子足夠的情感回應。例如，工作累了一天，回家根本不想理睬孩子；生孩子氣的時候，不想搭理他、晾著他給他點顏色看看；當孩子道歉的時候，故意拒絕或冷漠對待。這些或有意或無意的忽視都會讓孩子覺得父母並不在乎自己，自己的感受是不重要的。一個朋友曾跟我說，「在我的童年回憶中，父母從未在場過」。

為什麼暴力溝通沒有效果

首先，當我們運用暴力溝通的時候，往往意識不到自己行為的後果，也意識不到我們其實不用藉由懲罰孩子來滿足自己的需要。這就使得它成了正常的事和習慣。

另外，以上這些暴力溝通模式可能會給孩子造成嚴重的身心傷害，比如：

- 退縮、自卑、不願與人交流。
- 自我批判、憂鬱焦慮情緒增多。
- 無法形成獨立健全的人格、個性和自我被扼殺。
- 影響學業表現、與同學之間的關係。
- 成為暴力溝通模式的傳遞者。

同時，父母也會因為自己粗暴的態度而產生愧疚，覺得自己不是合格的家長。父母們也許常說「打在你身上，痛在我心裡」「媽媽每次訓完你之後都很後悔的」，但是沒有反思的愧疚往往會重蹈覆轍，遇到情緒積攢到臨界點時，還是會習慣性地使用暴力溝通。

最後，暴力溝通之所以達不到效果，正是因為它有時候看起來很「有效」。面對命令的語氣、嚴厲的訓斥甚至體罰，即便孩子在當下會因恐懼而表現得乖巧，接受批評，也不是心甘情願的。它不能讓孩子真正地成長、認同並愛父母，反而會招來敵意和更多的暴力。

如何正確和孩子溝通

那麼有沒有一種交流方式，能完全避免以上所有錯誤呢？答案便是非暴力溝通。非暴力溝通是心理學家馬歇爾·盧森堡（Marshall Rosenberg）提出的一種溝通方式，依照這一準則來談話和傾聽，可以避免很多不必要的衝突。它包括四個要素：觀察、感受、需要、請求。

1. 觀察。

觀察意味著單純闡述觀察到的孩子行為，不摻雜任何評判、觀點、指責。想要做到客觀地觀察是很難的。一方面，人們常常將觀察與評論混為一談。「你這孩子真懶」是典型的評判，而真正的觀察是「今天你睡到中午 12 點還沒有起床」。嘗試用觀察取代評論，會減少很多對孩子的隱性傷害。另一方面，在描述事實時，我們習慣使用模糊的詞彙，例如「你總是不專心聽講」，而真正的觀察是「你在上午的數學課上走神了」。總是、每次都、從不……這些表示頻率的詞語容易讓人產生逆反心理，孩子和父母會陷入回憶、找反例的競爭。例如，父母說「你每次都不聽我話」，孩子

會拚命反駁「我上次就聽你的報了數學班啊」。學會客觀地觀察和表述孩子的行為，是溝通的第一步。

2. 感受。

感受容易和想法混為一談。當人們說「我覺得」時，往往表達的不是情緒感受，而是認知層面的想法。例如，「我覺得你不乖」是個想法，而感受則是「你大吵大鬧，我感到很焦慮」。生活中可以多嘗試用「我感到……因為……」的表達方式與孩子溝通，家長只有學會表達自己的感受，才能真的找到自己對孩子生氣的根源。

3. 需要。

批評、操縱等暴力溝通的話語背後往往隱含著沒有被滿足的需要。比如，孩子回家太晚，父母生氣地訓斥：「誰叫你跑出去玩的！以後放學必須馬上回家！」孩子聽了通常會辯解或者反駁，但其實父母的需要是「孩子的安全」，然而這種需要並未被直接表達出來，因此孩子感到的只是最外層的憤怒，而不是內含的擔心。父母應嘗試明確表達自己的需要，這會讓孩子感受到你對他的愛，減少彼此之間的矛盾， 比如父母可以說，「你這麼晚回家，我很生氣，因為我很擔心你的安全」。

4. 請求。

最後一步是提出具體的請求，而不是命令。對孩子提出要求時，家長通常不說希望他們做什麼，而是說不希望他們做什麼，並且非常模糊、抽象。比如「下次還敢不敢了」或是「你下次不要再這麼晚睡了」。其實家長們可以換一種說法問孩子，比如「能

不能告訴我，晚睡對你有什麼好處呢」。正確的方法是提出正面的、明確的請求，並且請求越具體，就越容易實現。

　　以上四點不僅是非暴力溝通的重要原則，也是四個非常具體的、有實際操作性的步驟。非暴力溝通像一種心理學工具，藉由一些練習，每個人都可以掌握這種溝通技巧。不論是家長還是孩子，想要改善親子關係，都可以從嘗試非暴力溝通開始。

角色顛倒：承擔起父母責任的孩子還好嗎

朋友在談及她與母親的關係時如此描述：「五歲的時候，我就學會了洗衣做飯，打掃房間。媽媽對我期望很大，希望我能代替她完成她年輕時跳芭蕾舞的夢想。」這似乎很像是平時大家所推崇的懂事的孩子、爸媽的貼心小棉襖。「但她就像一個挑剔的、年長的朋友，一味地要我關心她，在意她的感受，滿足她的期待，不然她就會表現得很受傷，那會讓我感覺自己很不孝順。但現在回想起來，我覺得她剝奪了我的童年。」

很多人在成長過程中，更多不是被父母照顧，而是反過來被要求去照顧父母。這和所謂的「懂事」是不同的，好像你變成了父母的「父母」，變成了父母化的孩子，這樣的關係被稱為「親職化的親子關係」。

什麼是親職化

親職化是指父母和孩子的角色發生顛倒，父母放棄了他們身為父母原本應該做的事情，並將這種責任轉移到了孩子身上。這種關係中的父母常常是自戀的，他們不允許孩子成長為與自己分離的獨立個體，並且期望或潛意識裡期望孩子應該對自己的幸福負責，而自己卻不想對孩子負責。此時，孩子為了滿足父母物理

和情感的需求，個人需求被犧牲，放棄了自己對舒適、關注和指導的需求。在這種關係中，孩子被稱為「親職化孩子」。有些父母自身兒時的需求沒有得到滿足，這份缺失也許使得他們想從孩子身上獲得彌補。在這種情況下，一些聰明敏感的孩子就會想：「作為這個家的孩子，我要滿足父母的需求，這樣他們可能就會關注我、喜歡我。」

親職化關係有哪幾種類型

親職化可以分為以下兩種類型。

1. 情感型。

父母會強迫孩子滿足自己或者其他兄弟姐妹的情感需求，孩子成了父母的密友。這種類型的親職化關係是最具破壞性的，因為事實上孩子根本做不到滿足父母情感和心理上的需求。這種情況最常發生在母親和兒子的關係中。由於各種原因，父親角色在家庭中缺失，母親的情感需求無法得到滿足，她會嘗試從兒子身上得到缺失的情感，兒子就好像是代理的丈夫。父母會在無意識中利用無辜的孩子，在情感和心理上虐待孩子。於是，成為「代理配偶」的孩子不得不壓抑自己的需求，無法正常發展，缺乏健康的情感聯結。

2. 工具型。

在一些家庭裡，孩子會代替父母的角色滿足家庭的物理及工具性需求，例如完成照看弟弟妹妹、做飯等父母需要做的事情。

也就是我們常說的「小大人」。不過，工具型親職化的情況與孩子透過家務事和其他任務來學習承擔責任是完全不同的，它的問題在於父母剝奪了孩子的童年，強迫他成為一個成年照顧者。「窮人的孩子早當家」直白地說明了在社會經濟地位較低的家庭中，孩子被迫工具化的情況。如果父母年齡較輕、酗酒、患有憂鬱或其他尚未治療的身心疾病，使他們不能履行家長的責任，子女也往往相應承擔著照顧者的角色。

如何才能知道自己陷入了親職化關係

孩子往往很難察覺自己是否陷入了親職化關係，因為這種模式已經延續了很長時間，身在其中，早已經習慣。以下是親職化孩子在成長過程中很可能會有的經歷，來幫助你審視一下自身的親子關係。

 • 孩子作為父母的延伸而存在，例如「你要實現媽媽小時候沒有完成的夢想」。
 • 難以與父母交流，感覺永遠都是孩子在單方面試圖和父母溝通，而他們總是對孩子的話題不感興趣。
 • 孩子常常需要優先滿足父母的期望，理應體察父母的需求和感受，但是難以指望或很少感受到父母對自己的理解。
 • 孩子很害怕犯錯或者判斷失誤，擔心這會對父母產生不利的影響。
 • 如果父母需要，孩子可能會立刻放下手頭的事滿足父母的

需求，犧牲自己的生活和時間來照顧父母。

　　如果看完以上幾條你覺得描述內容和自己的狀況十分相符，那你很可能是一位親職化的孩子。

親職化關係對孩子成年後有怎樣的影響

　　1. 情緒敏感。

　　親職化關係最持久、最惱人的影響就是孩子成年後情緒會變得非常敏感，容易被別人的情緒感染（一般是負面情緒），把情緒內化到自己心中，沉浸其中難以自拔。例如：時刻關注別人，琢磨他們的感受；別人感到痛苦時，自己也會覺得不舒服；覺得大部分時候需要去獲得他人的好感和認同。

　　2. 容易憤怒。

　　親職化的孩子長大後可能會變成非常暴躁的人。他們與父母之間的關係愛恨交加。有時他們不太理解自己的憤怒從何而來，但還是會對他人發火，特別是朋友、伴侶和孩子。他們可能會有爆炸性或者被動性的憤怒，尤其當對方恰好提出了與父母類似的期望。因為一旦直面這個問題，過往的一些難受經歷 —— 向父母尋求慰藉卻不可得，情感訴求得不到回應—就會再次襲上心頭，失望、羞恥、自我批判的感覺會讓他們痛苦加倍。

　　3. 很難建立依戀連結。

　　親職化的孩子從小很少依賴父母，長大後會覺得和朋友、配偶或者自己的孩子建立良好的依戀關係是一件非常困難的事情。

他們很難承認自己的確有依賴他人的需要，所以在人際交往中容易讓別人產生錯覺：我是你的朋友，但感覺你其實並不需要我。長此以往，他們似乎成了人群中的「異類」，並任其形成交往過程中的惡性循環。相應地，他們進入婚姻的時間也可能較晚。

如果父母有親職化傾向，該怎麼辦

首先，明白自己不需要做以下事情：

• 不要對自己的情況感到內疚，你曾經只是個孩子，這不是你的錯誤。

• 不要總是後悔當初「如果我怎麼做就好了」，關注當下能夠讓情況好轉的行動。

• 不用對自己偶爾的孩子氣感到抱歉，接受自己突發的孩子式的想法、感受和反應。

還有一些事是可以去嘗試的：

1. 客觀地看待父母。

首先需要認識到，父母和所有人一樣，都有做錯的時候。客觀看待父母並不意味著責備或是背叛，更不是不孝的表現。客觀地看到自己與父母之間的角色顛倒問題，也許是改變的第一步。

2. 重新成為孩子。

在生活中找到一些能夠讓自己再次成為孩子的機會、一些能夠成為真正的自己的情境，也許是突然想盪的鞦韆、莫名想吃的

糖、小時候想去卻沒有去過的遊樂場等。也許小時候的你沒有選擇只能提前成長，但長大後的你，依然有能力在一些情景中重新成為孩子。

3. 尋求專業諮詢師的幫助。

在一段安全的諮詢關係中，在無條件的積極關注下，與專業的諮詢師一起去探索那些被迫壓抑的感受，去和你真實的內在小孩對話，慢慢開始了解、關注、重視自己的感受和需要，療癒過去的創傷。

也許我們很難改變父母，但我們可以改變自己，停止惡性傳遞，不再讓這種不健康的親子模式有意或無意地發生於你和他人的相處中。雖然我們小時候被剝奪了當孩子的權利，但仍有機會成為好的大人。

童年期情感忽視：重新獲得愛和安全感

在小 A 青春期很叛逆的時候，媽媽去看了一位心理諮詢師，對方問她，孩子小時候你們抱得、親得多嗎？媽媽回答，很少。後來媽媽告訴小 A，諮詢師的話讓她很緊張，害怕因為那時的「忽視」，而影響孩子的社交、戀愛、結婚……「其實，哪有什麼完美的童年！」諮詢師安慰她，「只是有一些人比另一些人的更糟罷了。」

考試終於考了 90 多分，但期待表揚的願望落空；想和爸媽多待在一起，但爸媽工作繁忙無暇顧及；有了一個弟弟或者妹妹，總覺得爸媽對自己的愛少了一點。很多人在童年可能都經歷過這些，但重要的是，這樣的童年說不上有多麼糟糕。我們並沒有遭受虐待、欺凌或者拋棄。相比於那些生活在家暴陰影、家庭破裂等各種環境中的小夥伴，我們無疑是幸運的。

但是，恰恰是那些看似安靜、無害、不可見的「忽視」，可能在多年後成為我們難以解開的「癥結」。直到我們開始不斷地進行自我探索，或者走進心理諮詢室，和諮詢師一起回溯原生家庭，某些被遮蔽的真相才會慢慢顯露出來。

什麼是童年期情感忽視

童年期情感忽視，是臨床心理學家喬尼絲・韋布（Jonice Webb）

提出的概念。喬尼絲博士將其定義為：一種由於父母沒能給予孩子足夠的情感回應所造成的情形。

還記得小時候因為和朋友們鬧得不愉快，滿臉沮喪地回家，但在廚房裡忙碌的媽媽卻絲毫沒有發現你的異樣嗎？又或者是心愛的寵物狗離去了，你哭得唏哩花啦，但爸爸媽媽卻並沒有安慰你一句？我也有過類似的經歷，儘管我的父母並不是故意的，他們可能太忙碌，可能是真的不知該如何和孩子溝通，但這就是典型的「童年期情感忽視」。

同「原生家庭」緊密相關的那些依戀關係問題、家庭暴力、兒童虐待相比，童年期情感忽視極其隱秘。喬尼絲博士認為它呈現為多種形態，從父母對孩子期望過高，不關注子女的真實心聲，到忽視孩子的情感體驗，造成他們的低自尊與自卑等。父母是孩子的一面鏡子，這不僅僅是指榜樣作用，亦是指孩子能從父母那裡得到映照和回饋，從而健康成長，面對更多挑戰。

而情感被忽視的孩子，就像失去了生活中的鏡子，他們發出的所有信號，無論喜怒哀樂，都如同投進了黑洞中，消失無蹤，毫無回饋。在一個人最需要去了解、探索這個未知世界的年齡，他們失去了來自父母和外界的積極回饋。那麼，他們本應形塑的那些「人格大廈」──關於自我、自信、信任、愛，都會在建造的過程中受損，甚至坍塌。

什麼樣的父母會對孩子造成情感忽視

天下沒有完美的父母，對很多人而言，盡全力照顧孩子是自

身的義務與願望。但有意無意中，身為孩子依舊會遭遇到情感忽視。這可能源於父母自己在成長中缺乏這方面的關懷，也有可能是因為父母本身經歷了特殊的教養方式。在研究者看來，具有一些典型特質的父母（包括但不侷限於以下情形）更有可能在養育中造成孩子的情感忽視：

1. 自戀型的父母：世界都是圍繞著我旋轉的——這是擁有自戀型人格特質或自戀型人格障礙的父母的典型特徵。在養育孩子的過程中，他們會更關注滿足自己而不是孩子的需求。在這種養育環境中成長的孩子，長大後可能無法很好地看清自己的情感需求，無法明確自己的真實需要，甚至總覺得自己的需求是過分的、不合適的。

2. 權威型的父母：權威型父母強制孩子按照自己的規矩辦事，而不習慣傾聽和關注孩子的感受與需求。最終，孩子長大後，可能會總是反抗權威，或者經常懦弱順從。

3. 完美主義型的父母：這一類父母認為，孩子可以一直做得很好，甚至做到更好。即使孩子考試拿了全年級第一，也可能會因為某一單科沒考到第一而受到責備。成人後，孩子也很可能變成完美主義者，為自己設置不切實際的期望與目標，時常感到焦慮不安。

4. 放縱型的父母：這一類的父母對孩子多採取自由放任的教養方式，可過度的「不管不顧」，任由孩子「生長」，很可能導致孩子在成年後不懂如何設置邊界。

5. 缺失型的父母：對於一些人而言，童年中父母是不在場的，原

因包括死亡、離婚、疾病、長期工作而忽視孩子、婚姻名存實亡等。

童年期情感忽視的「症狀」體現

很多人最關心的是，因父母和成長環境造成的童年期情感忽視，究竟會在我們身上留下哪些痕跡？下面是一些研究者總結的典型情況。

1. 自我價值與自尊缺陷。一個人的自尊以及自我價值的形成和家庭密切相關。家庭是一個小小的容器，我們在其中成長、觀察、回饋，在其中被愛、被讚揚和被指引。當父母因為種種原因沒能提供這些養分時，我們的自我價值與自尊就有可能受損。於是，在成長的過程中，我們可能會覺得自卑，得不到支持，很容易被打倒，感到氣餒、孤獨，喪失歸屬感。

2. 在處理「情緒」問題上遭遇困境。比如，無法明確自己的感受與需求，無法對外界表達出來。在處理自己的需要時，覺得這是羞恥的，是需要隱藏的。

3. 感覺被剝奪，有一種普遍的缺失感。潛意識裡，總覺得自己缺乏某些東西，但又難以名狀。我們也有可能覺得生活中缺乏各種東西——愛、樂趣、金錢等，更極端的情況下，還可能是覺得生活空虛無意義。

4. 成癮行為。因童年情感忽視造成孩子無法緩和、控制自己的行為，因此，一些人會轉而從成癮行為中尋求慰藉，獲得控制感，比如食物成癮、進食障礙等。

如何擺脫童年期情感忽視

經歷過童年期情感忽視的人，可能會出現各種各樣的情況，比如，它可能會讓人喪失「確定性」。這種確定性是指，不管是消極還是積極，你都能用清晰、堅定的聲音描述出自己的感受。

確定性對人的成長至關重要。相對於那些因童年期情感忽視造成的消極感受，比如，「我不應該談論消極的事」「我不能占據過多的空間」「我沒有權利用自己的方式去擁有、去感受某些事物」，確定性需要你做的是打破這些邏輯怪圈與感受的黑洞，意識到自己的真實需求。

我們要如何建立起自己的確定性，慢慢解決童年期情感忽視的問題呢？首先，你需要意識到自己有過這種被忽視的經驗，從而造成了現在的一些問題。勇敢地承認它，不要覺得它是某種致命的缺點，它只是一種感受。當你再次經歷這些感受的時候，學習去體驗它，去為它下「定義」。之後，你需要去定義自己的需要，並一步一步地獲得它們。很多遭受童年期情感忽視的人都無法意識到自己真正的需要所在，他們甚至認為自己的需求不值得、不配被滿足。我們可以選擇自助或者尋求心理諮詢的方式越過這個門檻，來探索自己的情緒和需要，改變已有的種種認知，從而一步步地滿足這些需求。最後，要記得對自己友善，照顧好自己，嘗試去和更多的人建立關係，不管是朋友，還是心理諮詢師，在關係中慢慢地認識自己，療癒自己。

關於和解：和解不是原諒和接受，而是做出選擇

之前聽過一句影視行業內的潛規則：「誰能抓住中國式父母對孩子的禍害這個痛點，誰就能製造爆款。」

陸劇《都挺好》中的蘇明玉，讓我們看到了「重男輕女」的父母。蘇母在家裡獨攬大權，對家裡的關愛和資源精打細算。家裡一共四間房，一間賣了供大哥讀書，一間賣了供二哥買房，作為家裡的「女兒」，蘇明玉的房間只有被賣的價值。

他們在一定程度上，生動地還原了蘇珊．福沃德（Susan Forward）博士筆下的「有毒的父母」，在他們的操控、言語暴力和過度焦慮之下，孩子們那些灰暗的痛苦根本無處安放。「看見」是有力量的，看見原生家庭的傷害，是掙脫原生家庭影響的第一步。但可惜的是，幾乎所有的影視作品，都將腳步停在了「看見」這一步。下一步是什麼？

大和解——不管是什麼類型的家庭劇，最終結局似乎只有一個，與自己的父母和解，而且是忽然放下的那種世紀大和解。甚至有一些文章寫道：「對於被原生家庭影響的我們來說，只有得到家人的關愛，找到回家的路，才有可能繼續往前走自己的路。」

當原生家庭的話題一次又一次衝上熱搜，我們越來越理解原生家庭累積而成的影響。而在這樣的當下，或許我們更需要知道一件事：如果你經歷過原生家庭的傷害，不和解也是可以的。你

不必用一己之力，去解決一個家庭的問題。

「和解」的陷阱

影視劇中與父母的「和解」，是有陷阱的。說起來，這些陷阱主要有兩種：

1. 「原諒的陷阱」。

福沃德博士在她的書中寫過一個來訪者的例子，這位來訪者曾經遭受過母親幾任男朋友的猥褻。成年之後，她有了新的家庭和信仰，在信仰的影響下，她原諒了惡毒的繼父們和她冷漠無情的母親。但事實上，她並沒有在這種原諒中得到內心的平靜。

直到有一次諮詢，她終於喚起了自己的憤怒，責罵父母毀了自己的童年，發洩之後的她，難得地感受到身心的放鬆，她說了這樣一句話：「我認為上帝想讓我好起來，而不是想讓我原諒。」

沒有經歷過憤怒和憎恨，「原諒」則無所依託。

我們都曾經看到過或者親身經歷過很多「頓悟式」的原諒，還有「感動式」的原諒，因為父母的某一個遭遇，或者某一個感人的故事，就選擇了原諒。而這些「原諒」本質上是一種情感的迴避。

更有甚者，它是將責任歸於本不該負責的人，讓那些經歷過傷害的孩子，不僅承擔了「傷害」的壓力，還承擔著「必須原諒傷害」的第二重壓力。

2. 「責怪的陷阱」。

除了原諒的陷阱，與原生家庭的「大和解」，還有一種反向的

「責怪的陷阱」。這種陷阱在我們的日常生活中並不少見,你是否也對父母有過類似的表達:

- 只要你改變了,我才能解脫。
- 要不是因為你當年,我現在怎麼會。
- 我絕對不要活成你這個樣子。

……

也許有點難理解,但事實上,以上這些感受、想法和觀念,都是在「必須和解」的壓力下所產生的「責備怪罪」。

《熱鍋上的家庭》一書中,家庭治療師奧古斯都‧納皮爾(Augustus. Y. Napier)詳細解釋了這個詞。

「怪罪是一個具有強大威力的過程,家人不但互相謾指責,而且輪流推卸自己的責任。母親確信,只要女兒肯改變,家裡就會太平;而女兒對母親也有同樣的想法。」

責備怪罪是家庭緩解系統壓力時,一種常見的應對模式。

「只要你改正了,我們就和解了,家庭就幸福了」——雖然表面上我們在指責、在反抗、在控訴,甚至和父母形同陌路,但實質上,父母仍然緊緊控制著我們的感受和行為。

越想要得到和解,就越要與他們鬥爭;越與他們鬥爭,就越得不到自己想要的和解。

正如心理諮詢師李松蔚所說的:「和解是一種壓力。問題不是問題,我們對問題的不接納、對抗,或者執著於解決問題,才構成了真正的問題。」

放棄原諒和鬥爭，才能擁有「不和解」的自由

在一種崇尚「父慈子孝」的文化環境中，我們自然會因為與父母的疏離而產生羞恥感，也自然對「和解」抱有了很高的期待。而我們與父母的糾纏，實際上也是一種「愛」的文化表現。

那麼，所謂的「不和解」，又是什麼？

我們討論的「不和解」，並不是拒絕與父母探索更健康的關係模式，更不是否認原生家庭對我們現在和未來的影響。這種「不和解」，實質上是在大團圓的桎梏下，撕開了一種允許：允許自己承認傷害的存在，同時也允許自己擁有選擇的自由。只有先有了這種「不和解」的允許，我們才能夠放棄那些為了和解，而強迫自己去執行的原諒與鬥爭。也才能夠找到一些，真正掙脫原生家庭負面影響的可能性。

美國電影《戰爭遊戲》中，有一台電腦被編寫了一套程式，這套程式將會啟動全球核戰爭，並且，這套程式一旦被植入，任何努力都無法改變。最後怎麼辦呢？電腦自己停了下來，說「獲勝的唯一辦法就是退出遊戲」。這種退出，就是一種不和解。

放到我們與原生家庭的關係中來看，這種退出，被醫學博士穆雷·鮑溫（Murray Bowen）稱作「自我分化」。

鮑溫的自我分化理論包含兩個部分：第一、分離感覺和思想的能力，擁有並識別自己的感受和想法；第二、將自己的情感與他人（父母）的情感區分開來，即把自己從家庭中解放出來、定義自己的過程。

簡單來說，自我分化，就是始終站在「我」的立場去思考關係。再直白一點，它可以用這樣的三個詞語去理解：

- 邊界：和父母保持必要的邊界，拒絕不合理的要求。
- 責任：不承擔父母該承擔的責任，同時承擔自己作為一個成年人的責任。
- 平衡：停止對抗，允許家庭中的差異存在。

所以，原生家庭之傷有「解」嗎

我們經常看到這樣的抱怨：

「為什麼我會遇到這樣的父母？」

「我想要改變，但父母一直在把我往回拽怎麼辦？」

「怎樣才有能力反抗父母對自己人格的塑造？」

……

在和諮詢師聊到原生家庭問題的時候，諮詢師說了一句非常觸動我的話：

「你不用把自己的翅膀折斷了，去成就一個家庭的完滿。」

換句話說，我們可以接納這些原生家庭中已經發生的痛苦，它們是我們人生的一部分，但不是必須去解決的「問題」。我們有能力（翅膀）從原生家庭中分化，並把精力更多地放在「自我」的發展上。

下面有一些具體的、可操作的建議，提供給你：

1. 練習非辯護性回應。

我們在情感受到威脅或攻擊的時候往往反應最為敏感，舉個例

子，當我們拒絕了父母的請求，可能第一時間會感到愧疚和抱歉。

父母：「我們去你那邊看你，你居然建議我們去住旅館，我簡直不能相信。」

子女：「我不是這個意思……但我真的沒有辦法，我也不想這樣的……要不等你們來了，我帶你們去其他地方好好玩一趟。」

我們自動化地道歉、證明和解釋，而打破這種格局的方法是練習非辯護性回應。

父母：「我們去你那邊看你，你居然建議我們去住旅館，我簡直不能相信。」

子女：「嗯，確實讓你們傷心了。」

你不需要為父母的批評和貶損而自我辯護，更不需要請求他們的諒解，繼而承受被拒絕諒解的痛苦。

2. 允許自己憤怒。

憤怒可以幫助你認清自己在關係中願意接受什麼，不願意接受什麼，從而定義自己的邊界。不要壓抑自己的感受，它們是一些重要的信號，比如你正在被情緒勒索、你的需求正在被忽視等等。只有直面憤怒，才有可能從令我們憤怒的事件中解脫出來。

3. 改變自己的「敘事方式」。

心理學家丹・麥克亞當斯（Dan. P. McAdams）在 1995 年提出，跟性格一樣重要的，是我們在描述自己故事時所採取的敘述身分：我們以什麼樣的方式去解讀過去，影響著我們對自己的感知。

研究發現，有意識地換一種方式講述自己的創傷經歷，例如把「我爸從來不讓我過自己的生活」變成「我一直在努力擺脫我爸的控制」這種「我能夠影響事情發展」的自主性敘事，會更加地提升我們的幸福感。

4. 做出意義解釋。

我們無法決定過去發生了什麼，但我們能夠決定給過去賦予什麼樣的意義。同樣是麥克亞當斯的研究還發現，那些在苦難和逆境中找到「救贖意義」的敘述者，往往擁有更高水準的心理健康和情感成熟度。

談論原生家庭是重要的。在某種程度上，家庭是我們的底色，只要活在一個家庭當中，我們的一生都需要在「分離」和「牽掛」中尋求平衡。

但談論原生家庭同樣是不重要的。因為對於被原生家庭影響的我們來說，並不是只能活在企圖改變父母的無謂努力中，也並不是要容忍持續的惡劣影響和傷害。

「和解」或者「不和解」，這都不是結局，而你永遠可以繼續向前，走自己的路。

第四章　修復和彌合

長 大 之 後 的 故 事

有句話說，當一個男人意識到自己的父親是對的時候，通常他已經有了一個認為他錯了的兒子。

走出童年期後，曾經的孩子成了大人、成了父母，認知變了，立場也變了，我們遇到了新的人生命題：

生孩子，我真的準備好了嗎？

我們該如何與孩子相處、與父母相處？

如果做不好，讓孩子重蹈我所受創傷的「覆轍」怎麼辦？

老一輩的「育兒經」，真的可以拿來就用嗎？

在這一章中，我們聚焦於家庭中的催婚催生、親子關係、共同養育等話題，一起探討代際溝通、親代養育中的難題。

成為母親，你需要做哪些準備

一次跟朋友聊天，越發感覺女人生育孩子真是一個有點魔幻的事情。朋友圈裡有不少已有孩子的女性，她們中的大多數都換了孩子（5 歲以下）的照片當頭像，並起了個類似「欣欣媽媽」「陽陽媽媽」的微信名。「很多女人啊，一旦有了孩子，她的身分就徹底變成了『媽』，再也找不到她自己了。」朋友如是說。

也許，不是所有女性都適合做母親，也不是所有女性都應當做母親。

當媽這件事，不是所有人都適合

在這裡，我們並不是想給母親這個身分加上一些條條框框作為限制條件。只是說，成為一名準媽媽，你可能需要做一些準備。很多人都是在沒做好準備的情況下做了母親，這也往往是很多教育、家庭問題的根源。

先來看一組美國的資料：在美國，有一半的懷孕都是非計畫內的。撫養兩個孩子到 18 歲，幾乎每天要花上 8 個小時。將一個孩子撫養到 18 歲，需要花費約 22 萬美元（折合台幣約 700 萬）。

當然，這些資料未必符合中國國情，但我們都知道，在中國撫養孩子的經濟壓力又何嘗不大，更別提孩子充沛的情感需要了。

總有人說，「生下寶寶後你就會自然而然地愛他，保護他」，但這種無私、理想化的愛，真的那麼容易實現嗎？

不是所有成年女性、在所有時間點都適合當媽媽。當你滿足以下這些條件，也許才意味著你在客觀條件上「準備好」成為媽媽了：

1. 壓力水準較低。

一項於 2017 年 10 月 8 日發表的研究發現，壓力會影響家長的育兒方式。尤其是當壓力水準很高、極大地占據著頭腦，甚至影響正常生活的時候。如果在工作、生活長期高壓的情況生下孩子，父母可能會表現出更少的溫暖，對孩子更低的回應、互動水準還有更少的愛，也更有可能以嚴厲的紀律要求孩子，並且有可能使用「控制策略」讓孩子服從。

相比之下，壓力較小的父母會表現出更積極的育兒行為，如溫暖、敏銳、傾聽、理解和支持。

2. 擁有一定的時間和精力成本。

社會心理學上有一個假設，人活在一個以自我為中心構建出來的世界裡。換句話說，我們每個人的世界都以自己為圓心發散，產生相應的關係網絡──家人、朋友等。

當我們個人的生活遇到問題，比如工作危機、人際問題，很容易優先陷入個人焦慮。這時便很難將關注點從自己的困境中轉移出來，去處理家庭和孩子的問題。孩子抱怨同學欺負自己或提出一些天真的問題，都會被當成「微不足道」的小事。

想像一下，當你正面對著裁員問題，孩子做錯了事，你是懲罰他還是耐心溝通？孩子拼裝模型失敗，你是選擇親手直接把模

型快速組裝起來，還是花更多時間，坐下來和他一起討論策略、尋找解決方案？

因此，對於一對「做好準備」的父母來說，時間和精力成本是必須考慮的。

3. 在生活中搭建「鷹架」（臨時而非長久的一種協助）的能力。

搭建「鷹架」，具體來說就是「幫助孩子切合實際地提高」。我們來看個例子就明白了。

有一項研究，把孩子和父母放在一個遊戲區，讓他們分別參與三個任務。一個是由兒童主導的遊戲任務，孩子可以選擇和家長一起做什麼活動。第二個是由家長主導的遊戲任務，比如由家長決定和孩子做什麼清潔打掃的任務。最後一項任務是關注的焦點。研究人員觀察並分析了父母與孩子一起參與清潔的方式：是父母全程自己打掃，還是命令孩子做完所有事情？更好的情況是，父母與孩子一起參與清理任務，並把這次機會當作與孩子互動、對話、增進感情的平臺。

例如，當孩子不會擦桌子的時候。一些父母可能會說：「你怎麼連這個都不會做？哎呀，你好多地方都沒擦到啊，算了算了你放著我來吧。」而另一些父母則會耐心地教孩子怎麼打掃：「寶貝，你看旁邊是不是沒擦到？你看像媽媽這樣按順序擦就可以每個地方都擦到了。」「哎呀衣服濕了，沒事，你想想剛才怎麼做就不會濕了呢？」後者採用演示或者適當提示的方式，給到了孩子具體有效的支持，也保證了其自主探索的空間。

在上面這個實驗中，如果父母能夠用交流和開放性的語言，

為孩子創造一個安全的犯錯環境，指導孩子完成他們原先無法獨立完成的任務，就是成功搭建了「鷹架」。搭建「鷹架」的能力，常常被心理學家看作一項評價優秀父母的指標。

4. 擁有良好的感情生活。

有大量關於單親家庭的研究表明，離異家庭的孩子受到的大部分傷害其實並非來自「離婚」這件事本身，而是離婚前父母無休止的憤怒和爭吵。換句話說，如果父母雙方和平分手，並合理參與孩子今後的生活，讓他感覺到被需要和被愛，這種處理方式遠比名義上的「為了孩子好，為了孩子擁有一個完整的家庭」而強行維持一段時常發生爭吵的婚姻關係要好。

因此，夫妻雙方感情的親密度，對於決定「是否生孩子」非常重要。

重申一下，上述條件並非說一個女性未滿足某個條件就不適合做母親。畢竟，很多人即使沒有受過良好的教育、沒有豐富的理論知識，仍然能把子女撫養得非常好。說這一切的本意，只是希望一對夫妻在準備生育孩子之前，先認真思考一下：妻子準備好了嗎？我們準備好了嗎？

並非所有女性都必須做媽媽

對於許多被催婚催生的女性來說，她們最想和父母強調的是「婚姻和孩子並不是人生的必需品」。許多人覺得，自己和伴侶，如果不

能同時意識到養育孩子需要具備哪些條件，或者伴侶無法一起承擔養育孩子的責任（不僅僅指經濟層面），那就絕對不能孕育一個孩子，因為這是對孩子的不負責任。每當這時，父母總會一笑置之：你還小，還不懂事，等你怎樣怎樣就不會這麼想了。

有些觀念，和父母輩溝通確實沒那麼容易，但至少女性自己需要有足夠清晰的認識並有所堅持。讓我們再來看兩個概念：

1. 自我認知，即我為什麼要成為一名母親。人總要想清楚到底為什麼要生孩子，是出於自己的期望、家庭的壓力，還是「女性就需要生孩子」的刻板印象？必須承認，如果一名女性做出拒絕生育的選擇，會面對很多阻礙，但這並不能成為女性必須生育孩子的理由。

2. 女性物化，顧名思義，就是將女性當作物品對待，忽視女性的主觀體驗。由於目前仍然只有女性具有孕育能力，所以自然有這樣一種觀念：你可以生孩子，所以你應該生孩子。再加上伴侶、父母種種出於自身需求的考慮（例如傳宗接代、養兒防老、子孫環膝），無論這些需求是否合理，催婚、催生等現象就產生了。

在這個過程中，女性自己的想法又在哪裡？

更值得注意的是，在當下這樣一種生活語境裡，對女性的物化是很容易內化的。很多女性都意識不到，在某種程度上自己其實正在「滿足他人擁有一個孩子的願望」，而並非出於自己的真實意願、發自內心地想要一個孩子，並且愛這個孩子。

自由支配自己的身體，是每個人本就擁有的權利。在生育孩子這件事上，女性本應擁有更高度的自由。

如何做一個「心理成熟」的爸爸

和朋友一起逛超市，看到一款乳製品的廣告詞為：父愛配方。

她說：父愛？感覺應該挺難喝，也不怎麼健康。這是怎麼回事？——她想到的是在自己整個童年和青春期缺席的父親，以及母親對此一肚子的火氣。如今她三十多歲了，和爸爸有感情，但總是無法親近起來。兩個人單獨在一起，就會尷尬得想立刻逃跑。

長期以來，父親總是與「低品質育兒」或「偶爾的替代母親」這些說法聯繫在一起。

如果說人們對父愛有什麼期待的話，用精神分析師李孟潮的說法，叫作「勝利的背影」——父親被期待成為家中最成功的那個人。他沉默，遙遠地愛著孩子，只給家庭留下忙碌的後背，成為一個並不真實存在的符號。

從男性的成長歷程來看，養孩子這件事也從未與男性氣概掛鉤。他們沒有一個好父親或是男性榜樣來教他們：足夠好的爸爸是什麼樣的？他們也許愛孩子，但往往只有「硬體」，沒有「軟體」：有愛，但不知道能做什麼。他們可能時不時感到自己不如媽媽擅長育兒，孩子跟自己也不如跟媽媽親。在被家庭排斥的同時，主動靠邊成為可有可無的存在 —— 寧願下班了躲在停車場，或者每天在廁所度過越來越多的時間，只為逃避家庭的壓迫感。

西方研究者用「父親缺席」一詞來描述此狀況。而我們則叫它

「喪偶式育兒」。

義大利精神分析學家魯格‧肇佳（Luigi Zoja）在《父性》一書裡說：「今天的父親處於譴責之下，不是因為他做了什麼，而是因為他沒有做什麼；不是因為他說了什麼，而是因為他什麼也沒有說」。

現在有一些爸爸已經認識到父親對孩子成長的重要性，想要身體力行地阻止代際創傷傳遞。他們期待參與到孩子的成長中去，且願意學習如何成為一個足夠好的父親，而不僅僅是「家中的雄性」。

對於什麼是「足夠好的父親」，心理學家唐納德‧溫尼科特（Donald Winnicott）的觀點是：

> 首先，他需要足夠在場。他要與妻子有良好的伴侶關係，存在於真實的日常互動中，為孩子提供（除母親之外的）第二個支援系統；
>
> 其次，他需要存活下來。孩子常將家中男性理想化。作為父親，他需要熬過孩子對自己「理想化」的破滅，熬過孩子對他的失望、憎恨。不競爭，不報復。與此同時，他能擴張對真實自己的接納程度，依然對孩子付出「存在」，付出愛。

父親的足夠在場

足夠在場的意思是：父親出現在孩子的生活裡，有真實互動。他與妻子有良好關係，並承擔部分育兒責任。

1. 好的父親，首先有親密的伴侶關係：他愛妻子。

理想情況下，在傳統異性戀家庭中，孩子們需要能感到：他們的父母是一種互動的、非創傷性的夥伴關係或育兒聯盟。

育兒是全天候的工作。父親在場參與育兒，對整個家庭最有益的影響在於：兩個照顧者，能夠形成一個功能更好的家庭系統。它讓孩子更好地構建自我與父親、自我與母親的關係。正如經典理論所指出的那樣：父親迫使孩子應對母子關係之外的世界，讓孩子的心理從「二元支撐」發展為「三元支撐」。

當爸媽感情好，孩子是能感覺到的。如果爸媽羞辱、貶低、毆打對方，他們一定看得一清二楚。當夫妻之間意見不合，孩子也能觀察到他們如何處理爭執。

孩子從小最能耳濡目染的家庭教育，並不是大人隔空傳授的幾句大道理，而是日常真實可見的生活互動。

2. 父親的價值，在於他「存在」。

對於爸爸到底能幹什麼這件事，過往研究認為，父親的互動傾向於身體接觸（摔跤、盪鞦韆），更多引領孩子走向外部空間；情感上傾向於幽默和刺激，「粗心」爸爸也可以為「焦慮」媽媽提供緩衝。

雖然從女性主義的角度看，這多少有點刻板印象。畢竟爸爸養家餬口的角色早已被消解，如今媽媽也要上班，也承擔引導孩子走向真實世界的功能。但對孩子們來說，父親的存在依然是必要的，因為它意味著一個不同的世界，一個不同的支援系統。

甚至，僅僅存在於孩子身邊提供陪伴，也比「總是不存在」

的父親更好。一些精神分析的研究結果認為，孩子能感覺到父親的注視。父親在身，自己是安全的，無論是語調、動作、氣味，都證明他是一個非常熟悉的成年人。遇到問題時，他是潛在的支持者。

即使是無言的注視，都有益於培養孩子的心理成長、提升他們自我反思的能力，以及隨後的自我接受能力——所有這些都有助於孩子走向獨立，實現個性化自我。

當然我們說的在場，是身心俱在。如果父親只顧自己玩，他即便在場，也相當於缺席。

研究發現，如果父親們情感投入充分，他們自身也能獲得更大的成長。養孩子可能會讓父親脾氣暴躁，但也使他更有愛心、耐心，對他人和自己的感情更加敏感了。路易斯‧查理（Lewis Charlie）發現「與嬰兒的接觸暴露了男人性格中親密的一面」，允許他們變得更無私或富有表現力。羅布‧帕爾科維茨（Rob Palkovitz）認識到，父親參與養育，還讓這些男性的同理心增加，自我中心主義減少，內心感覺更自由了。

如何使父愛存活下來

1. 熬過孩子對自己理想化的破滅。

許多孩子在小時候，會對家中的男性形象產生「理想化」幻覺，認為父親超級完美，無所不能。

佛洛伊德也是如此。據《父性》一書記錄：

某個星期六，父親雅可布（Jacob Freud）戴著嶄新的皮禮帽在街上散步。拐進一個轉角時，被一個高大的男人擋住了去路。

雅可布想要繼續向前，卻有點膽怯。結果那個男人突然一巴掌把他的帽子打落在爛泥中，傲慢地向他吼道：「從人行道上滾下去，你這個猶太人！」

小佛洛伊德聽到這兒，急切地問父親：「那接著你怎麼做？」

父親十分平靜地回答道：「我走下人行道，然後撿起帽子。」

——這句回答，就像一根棒槌砸落在佛洛伊德的心上。

當孩子進入到青春期時，他們可能會驟然發現：父親竟然是個平凡的人！他也有各式各樣的缺點。

堅持參與育兒的父親，可能會失去孩子對他的理想化，同時也不得不面對潛在的現實，即孩子的失落是真的，自己也確實沒這麼好。研究父子關係的心理學家邁克爾·戴蒙德（Michael J. Diamond）寫道：

許多男人發現很難承認自己作為男人的失敗。直到中年，他們一生都認為自己有點英雄氣概，這種觀念的形成，與他們在工作中的成功、作為家庭成員的能力，或與此前的成就有關。經歷了自己兒子的鄙視，他們經常開始質疑自己的雄心壯志和英雄地位。

如果你遇到了這些事，你需要「拿出一點勇氣，放棄成為自己腦海中的那個英雄——別做那個人」。

為人父母就是自我發現。不過請注意，自我發現可能是一個殘酷的過程。父親面臨的艱巨任務就在這裡：你需要熬過孩子的失落，接納有關自己的真相，與孩子分享真實的你是什麼樣的，擴張你對男子氣概的定義，同時對英雄主義說再見。

2. 熬過孩子對自己的憎恨。

精神分析對孩子青春期「逆反心理」的理解是，這就是獨立和成長的代價——孩子試圖在現實中取代父母的一部分功能，所以孩子會在無意識中表現出對父母的攻擊性行為。

這時，父母最重要的工作是「活下來」，挺過那種「青少年謀殺式成長的攻擊性」，並提供一種允許對峙、反抗和衝突的環境，以適當的方式回應他們的感情，不報復，不競爭，依然愛孩子。

溫尼科特認為，一個健康的嬰兒在發展中，一定會出現「暴力和仇恨」。孩子一般只會喜愛父母中的一方，而厭煩另一方，與此同時學會愛與恨的感情——而不是壓抑自己的本能。

作為父母，你必須允許憤怒蔓延，並且不因此威脅或報復孩子。「要撫養一個孩子，使孩子能夠發現自己天性中最深層的部分，就必須藐視某個人，甚至有時必須憎恨他，而不存在關係完全破裂的危險……如果父母能夠頂住孩子做的一切，事情就會解決」。

如果父親沒有存活下來呢？如果他堅持自己的英雄幻想，發誓要做那個彼得潘，不斷把注意力放在家庭之外「似乎可以拯救

中年危機」的年輕出軌對象上，而拒絕變成一個「真實且有很多缺陷」的中老年呢？

這對孩子們的影響也是巨大的，當孩子們長大後，他們可能陷入對完美父親的痛苦渴望中，即詹姆斯·赫爾佐格（James Herzog）所定義的「父愛饑渴」。

溫尼考特講過一個故事：

有個女孩在出生之前父親就過世了。這個女孩，是懷著對父親的理想化幻想長大的。悲劇的是，她在此基礎之上發展出了對異性的看法，把遇到的男性總是想得很完美。

剛開始戀愛的時候，她總能發現男人最好的一面，但是，她逐漸認識到每個男人也有不完美的一面。每當這種情況發生時，她都會陷入絕望。

理想化的父親毀了她的一生。如果父親在她童年的時候還活著，她該多麼幸福！她既能看到父親理想的樣子，又能發現父親也有缺點；在父親令她失望的時候，她也能接納對父親的憎恨。

為人父母的過程，關乎「自我的投降」

正如戴蒙德所言，做一個好爸爸，需要「對孩子有他者性的欣賞，有對自己進行深思熟慮的能力，在必要時採取行動或選擇不採取行動的勇氣，以及在整個不斷變化的終身過程中，保持參

與孩子成長的願望和意願」。

　　成為足夠好的父親，是需要一點信念感的。

　　祝你永遠不要追求成為一名「滿分父親」，但成為一個「還可以」的父親。

共同養育：離婚後如何給予孩子未來與期待

中國青年報社會調查中心 2016 年的一項問卷調查顯示，83.1% 的受訪者會因孩子選擇放棄離婚。一對有孩子的夫妻在離婚時，外界最大的反對聲一般都是：這對孩子的成長很不好。這篇報導發布時，正值《蝙蝠俠對超人》在影院熱映。影片裡蝙蝠俠的扮演者班‧艾佛列克（Ben Affleck）是美國著名影星。在這之前，他和同為影星的妻子珍妮佛‧嘉納（Jennifer Garner）協議離婚，結束了兩人近十年的婚姻。在對外的公告裡，他們這樣寫道：「經過慎重的思考，我們做出了離婚這一艱難的決定。我們將帶著愛和友誼繼續前進，並承諾會共同養育我們的孩子。在這個艱難的時期，我們也希望大家能尊重孩子們的隱私。」

如果你關注好萊塢，便會經常看到類似的公告：某明星夫妻協議離婚，並聲明會共同擔負起養育孩子的責任。不久後，又會有記者拍到已經離婚的他們帶著孩子一起度假、逛街、過生日。這並不是簡單的明星作秀，其實，在能做到的情況下，如果離異的夫妻能「共同養育育」孩子，無疑對孩子的成長是最為有利的。

「共同養育」給那些在婚姻中遭遇困境，但又害怕因離婚對孩子造成傷害的父母們提供了一種可能性。

為什麼我們需要「共同養育」

現在，打開電腦，在搜尋引擎中輸入「單親教育」「共同養育」等關鍵字，你能看到多達幾百萬條結果。與之相關的文章、課程、書籍、指南更是比比皆是。

這一現象背後的事實是，家庭的離婚率正在持續走高。即使社會主流觀點仍認為離婚會對孩子的成長造成不利影響，也有越來越多的成年人開始相信，如果一個家庭只能維持表面的組織形式，而不能帶給其中的人以安全感、歸屬感和幸福感，甚至造成傷害，那麼就應該做出其他的選擇。

孩子的成長問題也不完全取決於家庭的形式，或父母是否在一起。身為成年人的父母怎麼做，這才是關鍵所在。英屬哥倫比亞大學的副教授愛德華·克魯克（Edward Kruk）專門從事孩童與家庭政策研究，他是共同養育的提倡者之一。「共同養育的核心宗旨就是，以孩子的成長利益為上，擱置你與前任配偶之間的爭端和鬥爭，通過商議協定，共同養育孩子。」克魯克說。

歌手竇靖童是明星夫妻—王菲和竇唯的孩子。她不羈率性，自由灑脫，一邊在網路上曬出和母親王菲的親密合影，一邊也為生父竇唯的專輯獻聲。在竇靖童的成長軌跡中，能看到她和父母雙方都有著親情的交流與溝通，父母對她也保持著重視與尊重。

我們無法對竇靖童的成長妄下結論，因為並不知道父母雙方教養的具體細節。不過，她讓我們看到離異家庭的孩子成長的另一種可能，也引發了很多人對於離異家庭如何養育孩子的探討。

回到共同養育這個話題。共同養育的好處顯而易見，對於未成年的孩子而言，這會讓他們意識到自己的重要性，因為父母將他的存在與價值放在成人的爭議與衝突之上。

具體的益處更多，比如，共同養育能夠帶給孩子安全感，讓他們感受到父母的愛，從而較快適應父母離婚後的生活。家長的共同養育也會幫助孩子延續之前的規矩、紀律和獎勵方式。友好相處的父母更會成為孩子的榜樣，孩子會透過父母合作的行為逐漸學會遇到問題應該如何解決。從父母的角度考慮，共同養育能分擔雙方的經濟與時間精力方面的壓力，滿足雙方的心理需求等等。

共同養育的原則

除去一些極端狀況 —如夫妻雙方中有某一方在離婚後不適合養育孩子（如酗酒，家暴，債務問題等），共同養育正在逐漸成為一種主流選擇。這是社會理性進步的表現。在美國，有一些機構專門為離婚夫婦推出了「離婚律師＋心理諮詢師」的標準服務。離婚律師的責任是幫助雙方處理一系列法律、財產、撫養權等問題。心理諮詢師（多是婚姻與家庭諮詢師）則是協助處理離婚過程中的創傷問題，無論是夫妻雙方的還是孩子的，同時也提供離異後的養育諮詢。

我們沒有這樣的標準服務，共同養育也是一個較為廣泛的概念，蘊含著很多的操作細節與方式，比如，父母是否需要協定具體陪伴孩子的時間，在哪些事情上應由誰做主，經濟負擔如何協

調等。但有一些基本原則，依舊值得在共同養育中參考與借鑒。

1. 處理好離婚對孩子造成的創傷這點很重要。當離婚已成既定事實，一定要記得和孩子認真溝通這件事。最重要的是向孩子傳達一個資訊：你沒有被爸爸媽媽拋棄，爸爸媽媽永遠都在。同時，提前做好離婚後的撫養計畫。在與孩子溝通時，向他們詳細說明這些計畫，給孩子提供安全感。如果在離婚後孩子依然表現出某些創傷後應激障礙，記得及時尋求專業機構或人士的幫助。

2. 多花時間與孩子在一起。無論是物理空間上的還是精神上的，長時間的相處可以促進與孩子的關係，精神上的相處則是指對孩子生活的方方面面都產生興趣，並合理地介入、支持。

3. 維護孩子的「支援系統」。社會人生活在各式各樣的系統中，離異家庭的孩子在這些系統中會更脆弱（如被同齡人攻擊等）。因此父母要在分離的情況下，維護好孩子的家庭支援系統、朋友圈、校園生活等，給予孩子穩定感。

4. 不斷地教育自己。孩子在不同成長階段有不同的需求，教養計畫也需要不斷調整。因此作為父母需要自我學習，可以是線上教程，或親子書籍，又或是專門的培訓專案，成年人需要不斷地汲取知識，以應對孩子的迅速變化。

5. 支持前任配偶在共同教養這件事情中的角色。無論與前任之間有多大的糾葛，請將那些情緒放置一邊，回到彼此在共同教養中應負的責任上來。按照此前的協議與規劃，擔負起自己的責任，同時支持對方的行動。

6. 在孩子面前，與前任配偶保持通暢、透明的溝通，給予對方

尊重，杜絕謾罵與攻擊。這件事很重要，記住，不要在孩子面前吵架，避免將孩子捲入衝突。任何一次當著孩子面的爭吵，都會對孩子造成傷害。

知易行難，就和健身減肥一樣，共同養育是一件說起來容易、做起來十分困難的事情。你能在網路和書籍中找到各式各樣的指南，但這對離異夫妻而言依舊是巨大的挑戰。酷玩樂隊的主唱克里斯·馬汀（Christopher Martin）和妻子葛妮絲·派特蘿（Gugneth Paltrow）離婚後，也選擇採用共同養育的方式來照顧小孩。在一次採訪中，他們承認，共同養育是很艱難的一件事。「因為無論你對對方有著怎樣的情緒、厭惡、不滿或是什麼，都不能在孩子們面前表現出來。你得定期帶著孩子去見另一個家長，一起吃飯、玩耍。但是，我們私底下也溝通過，無論我們怎麼想，孩子都是最重要的，我們承諾過他們，也必須為此負責。」

「大人的事歸大人，小孩子依舊需要保有自己的天地」，這是理想的狀況，現實生活則殘酷得多。婚姻家庭學者康斯坦絲·艾榮斯（Constance Ahrons）在她的專著《良性離婚》（*Divorced Families*：*Meeting the Challenge of Divorce and Remarriage*）中指出，一對有孩子的離婚夫妻，往往會在離異後形成五種關係類型。這其中，僅有前兩種關係類型是適合共同教養孩子的，後三種都不適合。兩種合適的類型即「完美夥伴」與「可合作同伴」。「完美夥伴」是指雙方和平理性地離婚，依舊真心實意地把對方當作朋友。雙方有各自的工作，願意制訂一個以孩子的利益為中心的養育方案。「可

合作夥伴」是指，雙方有分歧，有爭鬥與不滿，但依舊把孩子的利益與共同養育計畫放在最優先順序。

另外三種情況則糟糕得多，艾榮斯稱之為「憤怒的合作者」「暴躁的敵人」「消融的雙方」。這三種狀態有著不同的症狀，比如無法和前任實現徹底的情感分離，一方憎恨另一方，不停地指責和怪罪對方，對自己應履行的責任沒有明確的認知等。在這樣的情況下，共同養育孩子會讓事情更糟，有時候甚至會變成一種傷害。鑒於後三種情況較為複雜，如何面對又是另一個宏大的話題，在此不做展開。但無論如何，請記住最核心的原則——從孩子的利益出發。

永遠不要將失敗的婚姻陰影加諸孩子頭上，他們並沒有承擔的責任。我們每個人都有能力和責任從婚姻的失敗中走出，並給予孩子未來和期待。

如何培養一個「心理有問題」的孩子

對普通人來說，心理學有時挺嚇人的。因為只要願意，作為父母，你總能找到自己的「不合格」之處。孩子哭了沒及時安慰，你是「情感忽視」；立刻安慰，你是「直升機父母」……世界上有許多惡狠狠的觀念，等著對新手爸媽張牙舞爪。

說好聽點，上一輩的人可能忙於生計，無暇「學習育兒」。但今天的情況似乎到了另一個極端：我的童年如此不幸，所以我一定不會讓孩子的童年如此，我要給他很多稱讚，給他自由完美的童年。成年後，我想盡可能給他提供無限選擇。他想做什麼就去做，不喜歡了就換，一定讓他活得幸福快樂，不要像我這樣辛苦和侷限。

十年前，美國社會也出現了類似這樣一種育兒風格：

給孩子細緻入微的關注，提醒他們是「完美的、特別的」，「你沒有不擅長×××，你只是擅長用別的方式×××」「你需要隨時隨地保持快樂（因為這是我的願望）」。

《也許你該找人聊聊》一書作者心理諮詢師蘿蕊·葛利布（Lori Gottlieb）發現，這些家庭養育出的子女，看上去有無可指摘的童年、家庭和社會地位，但這些年輕人卻走進心理諮詢室，抱怨自己焦慮、憂鬱、沒有方向：

「我爸媽……挺好的呀！但不知道為什麼，我總是開心不起

來。我看似有很多選擇，但我每投身於一種選擇，都覺得不如想像中完美，總是無法相信自己的決定。」

2011 年，觀察到這一現象的蘿蕊在《大西洋月刊》發表了一篇引起巨大轟動的文章，名為《如何培養一個需要心理治療的孩子》（ *How to Land Your Kid in Therapy* ）。並一針見血地指出癡迷於孩子的「幸福」，可能會讓他們走向不幸。

我們這一輩人對無限選擇、自尊和幸福的迷戀，可能會養育一代「權力感強、自戀、物質主義、成年後無力面對挑戰」的年輕人。這些新父母們不是做得不夠，恰好相反：他們總是因「恐懼自己做得太少」而做得太多。他們是「過度養育」的父母。

對幸福的癡迷，不利於發展出孩子的「真實自我」

臨床心理學家茱蒂絲·洛克（Judith Locke）認為，過度養育有兩種特點：

第一、過度協助。家長出於好意，過度幫助孩子完成各種任務。然而，這可能會導致孩子難以發展基本技能。雖然孩子可能會因為順利做完任務得到稱讚，但他們的「自我」建立在「他人眼中的虛假自我」之上，同樣的因素也可能讓孩子陷入心理危機。

第二、超敏回應。父母對孩子的回應「極其靈敏」，對孩子付出的愛、關心、愛護和讚揚的程度「超出真實情況」。

他們相信孩子所說的一切，過分看重孩子的自尊心，告訴孩子他是多麼與眾不同，多麼有才華，以至於孩子們不習慣任何建設性

的批評，或者高估自己在人群中的獨特性。可是他們感覺到的，不是自己很好，而是自己比別人更好。

蘿蕊舉了兩個典型例子：

有孩子的家長會找班主任，請他「不要用紅筆批改作業」——因為擔心打擊孩子的自尊心，或者看到心情不好。蘿蕊稱之為「家長以小孩自尊為藉口的自我陶醉」。

學校有一支少年足球隊，組織者為了「讓每個孩子都覺得自己很優秀」而發明了各式各樣的獎項。比如，給表現不佳但有進步的孩子頒佈「最佳進步獎」，給沒成績的孩子頒佈「全勤獎」……總之，每個人都值得稱讚，團隊氣氛很棒，沒有失敗者。但實際上「所有孩子心裡都清楚誰是最有價值的球員」。

有時，挫折不僅是必要的，它讓我們從失敗中成長；同時，挫折是真實的，它讓我們進一步了解所處社會的規則。父母可能不願承認，但害羞、沮喪、被排斥……這些對負面情緒的體驗，同樣屬於「成長的權利」。

精神分析學家亞當‧菲利浦斯（Adam Phillips）說，「苛求快樂」反而會破壞生活。生活中必然有苦有樂，如果我們試圖消除痛苦，以快樂來掩蓋痛苦或麻痺痛苦，或以轉移我們或他人的注意力來忘卻痛苦，我們就無法學會接納及調整它。

「攔住一切挫折」的可能後果是，孩子無法承受對自身的精確回饋。他們的自戀日益膨脹，以至於「完成某項工作後，如果沒有得到表揚，就等於受到了批評」。

死於「社會面幸福」

很明顯，父母也希望孩子過上幸福的生活。

但當關於「幸福」的對話繼續推進，就會發現他們對「什麼是幸福」具備一套相當嚴苛的標準：

- 在工作城市有自己的房子，好像「房子就可以終結漂泊感」。
- 有收入比自己高的結婚對象，逢年過節回家備感體面。
- 孩子在公司裡是「總監」。不可以是小職員，也不可以是創始人。因為前者太卑微，後者太勞神。至於為什麼是總監，可能是拜職場戲劇所賜吧。

這樣，不管發生了什麼不幸，都可以稱之為「社會面幸福」了。

後來我逐漸領悟，「希望孩子一定要幸福」和「希望孩子一要出人頭地」沒什麼不同，只是父母基於自身願望的兩種不同投射。

家長可能的心理動機是：

1. 把自己和孩子的需要混為一談。

「我哥哥小時候踢足球摔斷了腿，所以你絕不可以從事危險的運動，尤其是踢球」……某種層面上看，過度養育的出發點總是情有可原。

父母因為焦慮或恐懼，試圖規避孩子「成長道路上的雜音」，填補自己的情緒黑洞，甚至無視親子邊界，剝奪他們發展完整人格的機會。

然而，真實地生活，意味著孩子也需要體驗失控、崩潰、不如意、不完美。我們並不需要殺死負面情緒，只需要學會不讓自己被

它們所殺死。重要的是，分清你的情緒究竟是來源於當下，還是「過去所誘發的疊加反應」。

2. 用「幻想紐帶」應對死亡焦慮。

幻想紐帶是心理學者羅伯特・費爾史東（Robert Firestone）提出的概念，它最初出現是為了應對人際痛苦和分離焦慮。在幻想紐帶中，父母透過想像自己與孩子之間的聯繫，在一定程度上緩解自己對孤獨、分離和死亡——也就是對最終的分離的恐懼。

父母會感覺自己與孩子融為一體，珍惜被孩子需要的感覺，比如給成年的孩子洗襪子，每天給孩子打電話。但在現實中，他們甚至可能無法完全融入與孩子的互動中，體會到孩子真正需要什麼。

「未經審視的人生不值得過」

菲利帕・佩里（Philippa Perry）在《一本你希望父母讀過的書》一書中寫道：

不久前，一位懷孕的準媽媽問我，如果給新手父母一個建議，那會是什麼？

我告訴她：無論孩子的年紀多大，他都會以行動來提醒你，你在他那個年紀時所經歷的情緒。

對於育兒，你真正需要學習的部分，是處理孩子在你身上引發的感覺，學習拋開童年在你身上留下的障礙。它阻礙了你真正的愛，你作為父母本能的溫情與接納，阻礙了身體接觸以及對身

體存在感的感知與理解。只有拋開這些，你才能享受一些成年人應有的樂趣。

父母需要審視自己的創傷（經歷、信念、期望），努力治癒自己，而不是投射到孩子身上。當我們真正看到自己並學會自我同情時，我們就會獲得自由。

我願用存在主義心理治療大師歐文·亞隆（Irvin Yalom）「最信奉的人生信條「作為本文的結尾：未經審視的人生不值得過。

如果你總覺得：

別讓我逮到任何不尊重我小孩的地方，不然你就可以看到我們這些「從小童年不幸的人」反抗起來有多可怕！

嗨，醒醒，那只是步入中年的我們，額頭上爆出的遲發青春痘罷了。

親密關係：和父母的關係會影響成年後的伴侶關係嗎

　　有時我們會嚇一跳地發現：我們「遺傳」了父母身上那些自己非常不喜歡的特質。有時還會更嚇人一點：我最親密的他，居然和我爸媽一樣固執、刻薄、忽視我⋯⋯甚至他居然說出了我媽或我爸最常說的那句我不愛聽的話。

　　在和伴侶的不良關係中，「父母皆禍害」這話在一定程度上是有道理的。

戀愛時，我們為什麼總遇到和父母一樣討厭的人

　　小時候，父母的某些特質埋下的「陰影」影響著我們的擇偶觀。那些特質儘管聽起來都是缺點，但當再次陷入一模一樣、令人不爽的糾纏時，我們卻會感覺到熟悉和有愛。你可能已經察覺出了其中的矛盾：在原生家庭裡遭遇的衝突、挫敗等，會再次在伴侶身上感受到。但這次真的能得到解決嗎？實際上，這種矛盾恰使得吸引伴侶的特質變成關係中最惱人的部分，使兩人慢慢漸行漸遠。

　　一個不行，再找──找一個依然具有類似特質的對象。一次、兩次、三次。我們中的有些人，會反覆陷入這種既掙扎、痛苦，又無力擺脫的親密關係中。這種情況，心理學上稱作「強迫性重複」。佛洛伊德認為，強迫性重複是一種神經防禦機制，它試圖

透過「重寫」歷史，讓過去受創傷的歷史能夠重新擁有個完美大結局。而我們首先要重寫的，就是和父母，尤其是（但不完全是）與異性父母一方那種令我們不爽、不安的關係。

很多時候問題確實出在父母一方。他們由於自身的心理問題或侷限，沒有能力或意願提供愛、支援、安全感、歸屬感和紀律等，而這些都是孩子得以健康成長的重要元素。因為疲憊、失望、被忽視，甚至被虐待，孩子的心理被置於風雨飄搖的境地。為了防止自己顧影自憐，他們需要否認自己的處境，否認自己感受到的憤怒、壓抑與絕望。同時，孩子們可能還會產生一種幼稚的希望——認為如果自己更好、更完美、更聰明，甚至更安靜，父母就會更愛他們，而他們則可以成功逃出這樣的磨難。

這種懷抱希望想去改變父母「拯救」關係的心理，本是出於兒童的自我防禦。可我們成年後，內心的「孩子」很可能還在積極尋找能夠將之前與父母之間令人受挫、不安的關係變得更好的方法，不過現在，對象不僅僅是父母了，而是遷移到伴侶或潛在伴侶的身上，此時，我們與他們的關係就成了兒時與父母關係的某種象徵。

內心的「孩子」會試圖創造和之前相同的互動。「這次會不同。我會改變這個人，會讓他愛我的，我不會失敗了。」只是，類似的努力幾乎註定是失敗的。我們要如何「修好」對方？「治癒」對方？「改變」對方？在一次又一次失敗的嘗試裡，唯一被改變的只有覺得很累、感覺不會再愛的自己。

戀愛時，我們為什麼總會變得和父母一樣討厭

《六人行》的一集中，瑞秋（Rachel）抱怨父親的刻薄，討厭他的嚴苛，而等到自己教喬伊（Joey）划船時，她卻也一樣凶巴巴。直到面對朋友的反應，她才驚訝地發現，自己居然和父親一樣嚴苛、兇狠。是的，偶爾我們也會反過來，以曾經自己最討厭的父母的行為方式，來面對自己最親愛的人。其實，早年和父母的互動塑造了我們的依戀模式，而它在我們親密關係的建立中起到了重要的作用。

想理解什麼是依戀模式，需要先回顧人類的進化歷程。想像一下你是一名嬰兒，生活在遠古時期，身處叢林，身邊時刻隱藏著致命危險。這時，如果要想安全活下來，最好的辦法是什麼？是抱緊爸媽，寸步不離。這樣，就會因為有人保護成功活下來，從而獲得安全感。也許你之後不再需要父母的保護，但依然會不斷尋找這種安全感。於是，為了生存繁衍的需要，人體形成了一套依戀行為系統，來保證我們可以獲取到安全感。這套系統深刻地影響著我們的一生。

嬰兒往往會形成和父母一樣的依戀類型，而嬰兒時期的依戀模式和我們之後一生的依戀行為有著很大關聯。正是依戀模式的這種「代際遺傳性」，造就了我們和父母無法避免的相似性。

更具體來講，早期和父母塑造的依戀模式，究竟會怎麼影響到我們的親密關係呢？

心理學家瑪麗‧愛因斯沃斯（Mary Ainsworth）在心理學家約

翰‧鮑比（John Bowly）的基礎上，提出了「內部工作模型」，即個體在依戀模式的影響下，會對自己的行為進行組織或取捨。我們會在自身依戀模式的影響下，預測別人的反應，從而決定自己要怎麼做。在親密關係裡，這種內部工作模型會指導你去預測對方的反應。

如果你的父母總能恰到好處地針對你的表現給出合適的回饋，你便更可能形成「安全型依戀」，相信自己是值得被愛的，情感也會得到很好的回饋。你在親密關係裡會更願意真實地袒露自己的情感，自如地表達自己的感受，也容易及時給伴侶合適的回饋。

如果你的父母很粗暴，他們的溝通方式讓你覺得「媽媽不懂我，她無視我的情緒，讓我更生氣和難過」，你就很可能形成「迴避型依戀」，開始壓抑、忽略自己內心的感受，漸漸不懂得表達自己的情感。當情緒積攢到一定程度，你也可能會選擇用粗暴的方式進行宣洩。

困難的是，長大後，依戀模式已經內化為我們的一部分，我們在意識上很難感覺到它的存在。在它的影響下，我們會主動調動自己的注意力，去注意我們想注意的部分，忽視不想看到的部分，以此來支持我們透過依戀得到的、對他人行為的預期。

這套工作進行得越順利，我們就會覺得事情的發展越合理，這種合理性又會再次加強這些規則的內化，從而使這套機制在我們的身體裡越來越成熟。所以，就在這種不知不覺中，我們成了自己曾經最討厭的模樣。

如何超越父母對我們的影響

看了上面這些，你或許覺得，我們和父母糟糕的關係註定會讓我們遇見糟糕的感情。別著急沮喪，其實心理學家也發現了一些和父母在親密關係裡表現完全不同的人，有些並非安全型依戀的父母，成功養育出了安全型依戀的孩子。這提醒我們，其實每個人都有潛能去超越自身的歷史。

到底是什麼促成了這種超越？研究結果表明，和成長經驗一樣重要甚至更加重要的，是我們對於體驗的姿態，也就是說，我們會如何面對和理解自己早年在親子關係中的體驗。

「覺察的姿態」是一種能幫助我們超越自己和父母的不良關係的姿態。它是指我們能夠完全不加評判和預期地沉浸在當下，完全接納當下的所有體驗，同時也能保持高度理性，覺察到每一種體驗背後的真實原因。具體到和父母的關係中，這代表著我們在和父母起衝突的時候，可以接納自身所有真實的情緒，也能夠理解為什麼有這樣的感受產生，由此便不再會被痛苦的關係困擾。

不過，這種覺察的姿態並不容易習得。有時候，看一些心理學工具書可以幫助我們了解情緒背後的原因，從而增強覺察的能力。還有時，冥想能提升我們對於日常生活的覺察，從而幫助我們走出早年的經歷。最後，心理諮詢的過程就是一個幫人了解自身、理解自身，從而促使深刻覺察產生的最佳場域，如果你在自助中遇到了無法獨立解決的困難，可以選擇進行心理諮詢。

父母對我們的影響，已經是一個引發了很多討論和情緒的話

題，我們都不可避免地會被自己的早期經歷塑造，但在成年之後，真正決定我們生活方式的並不完全是早年的經歷，而是我們對於這些經歷的理解和認識。

即使我們無法避免地被塑造成了一個樣子，成年的我們也仍然擁有改變的可能。永遠不要放棄學會愛與獲得愛的機會，因為每個人都值得被健康、認真地愛著。

Chapter 3　撥開人際關係中的迷霧：陷阱與遊戲

離開父母，才發現這世界上還有各種人

第五章　渴望結群的孤獨者

我 發 現 自 己 是 座 孤 島

作為一個普通人，我們每天大約要做 70 個決定。當我們離開家庭、走向社會，這些決定往往引導我們鋪開不同的人生。

我們可能會在人生的某個階段，有過被孤立的體驗；在回憶過去時，有始終無法笑著說出來的羞辱記憶；在日常生活中，發現自己常常難以拒絕別人不合理的要求；當我們想一個人靜靜獨處，卻遭遇了意想不到的社會歧視。

在這一章，我們聚焦孤立、討好、獨處、羞辱體驗、代罪羔羊心理等幾個方面，直面平凡生活中每一天正在上演的痛苦、創傷、遺憾，與你一起嘗試尋找重建自我的方式。

被孤立者：是原本與眾不同，還是後天孤獨

你有沒有過被孤立的體驗？在我上中學的最後一年，班上來了一名轉學生。初來乍到的她沒什麼朋友，而且就像許多身材微胖、成績普通的女孩一樣，班裡那些活躍的男孩見到她就故意繞著走，還在背後嘲諷她，說些嫌棄的話。所以，每次我見到她的時候，她都是一個人默默坐在角落裡，或是在走廊裡低著頭慢慢走。幾年過去，如今她也有了自己的朋友圈子，但是每當她的朋友因為某些原因沒叫上她一起出去玩的時候，她都會特別特別難過，感覺中學時那種被孤立的恐懼又回來了。她對我說：「每當這個時候，我就拚命地想是不是我做錯了什麼，我也是這個圈子的一份子啊，為什麼現在不叫我了，是不是她們不喜歡我了……」

我們發現，被孤立可能發生在成長的每一個階段，可能發生在同學中、朋友中、同事中，甚至是家庭成員中。被孤立的體驗那麼常見，它造成的痛苦又是那麼真實和可怕，所以這一節裡，我們想來聊一聊被孤立這件事。

被孤立是我做錯了什麼嗎

在心理學上，孤立他人是一種社會拒絕，指的是將某個人故意排斥在某一社會關係或社會交往之外。由於這麼點「故意」的

成分，被孤立的人往往第一反應是自責，覺得是自己不好，才導致了當前的處境。

聽了一些被孤立者的故事之後，我們發現，導致一個人被孤立的原因是各式各樣的：

● 有些人和小群體裡的頭不合，為了站隊頭這邊，其他群體成員自然會聯合排擠不合的人。

● 有些人因為太胖、太矮，甚至臉上青春痘太多，而遭到孤立。

● 有些人喜歡同性，莫名其妙地被周圍人都知道了，結果大家都開始躲著他（她）。

● 有些人成績出色，遭他人嫉妒，被貼上了「不合群」「孤傲」的標籤。

……

舉這麼多例子其實是想說，被孤立很多時候並不是你做錯了什麼，也許只是你的行為方式、說話風格、穿著打扮、價值觀念和他人不夠一致。這份不同，就成了他人有意或者無意排斥、中傷你的理由。此外，許多人在旗幟鮮明地孤立某個人的時候，其實並不知道自己到底在孤立什麼，他們並不知道真相，也不是發自內心地真的想傷害誰。他們只是覺得，大多數人都在做這件事情，而盲目跟從是一種相對安全的方式。一群人去孤立或排擠某個人，通常是試圖控制對方，使其按團體或團體中一員的意願行事。孤立可以被理解為一種懲罰，也就是「你不順我們的心意，我們就不理你」，或是可以理解為一種非懲罰含義的忽視，也就是「反正你不重要，不理你也是自然而然的事」。

無論怎樣理解，是否採取孤立行為，都是孤立他人的這一群人所選擇和決定的，而非取決於被孤立的人做了什麼。所以，無論是成績太好或太不好、長得胖、喜歡同性、得罪某個群裡的大頭，還是其他什麼原因，首先要告訴自己，被孤立不是你的錯。

被孤立的痛苦

　　加州大學洛杉磯分校的娜奧蜜‧艾森伯格（Naomi Eisenberger）教授、普渡大學的基普林‧威廉斯（Kipling Williams）教授及其研究團隊發現，經歷社會拒絕的人們被啟動的腦區和身體疼痛時被啟動的腦區是一樣的。這意味著當我們被孤立時，那種痛苦是真切存在的。

　　「對於我們的大腦而言，心碎的感覺和摔斷胳膊沒什麼分別。」艾森伯格教授說。持續、長期被孤立，不僅會給人們帶來身體和情緒上的痛苦，還會造成更加深遠的多方面影響。

　　1. 從那以後，我在社交中更小心翼翼。

　　人們對於周圍人是否接納自己，其實是很敏感的。研究發現，在我們與陌生人擦肩而過時，如果路人和我們對視，而不是忽略，我們會感到與路人有更強的社會聯結。

　　普渡大學的社會心理學家艾瑞克‧韋塞爾曼（Eric Wesselmann）教授指出，許多有過被孤立經歷的人，在新環境中會對與周圍人發生關聯的機會更加敏感。為了被接納，他們可能會根據他人的意願改變自己的行為，把自己變成他人可能喜歡的樣子，甚至有求必

應，變成一個習慣於討好的人。而習慣於討好別人所帶來的結果常常是冷落了自己。

2. 從那以後，我不再願意幫助別人。

還有一些有過被孤立經歷的人，會被心中的憤怒和怨恨綁架，從而走向另一個極端。聖地牙哥州立大學的簡‧特文格（Jean Twenge）教授等人做了七個實驗，研究被孤立對於人們利他行為的影響。結果發現，被孤立之後，由於情緒上遭受傷害，人們共情他人的能力受到損傷，導致被孤立者更不願與他人合作或幫助他人。

3. 孤獨成了人生的主色調。

就和我那位同學一樣，許多人在被孤立之後，會選擇獨來獨往。如果這發生在小說或電影裡，通常事情會絕地反轉，比如女主角在長大後碰到一群貼心的小夥伴或是一位熱情的戀人，讓女主角重新獲得聯結和歸屬感。而在真實生活裡，常常不是以這樣的喜劇收場。

一個被自己所在部門其他同事排擠的女孩找到我們說，她現在已經放棄融入了，但每次進辦公室之前還是會深呼吸好幾次，推開門之後看著嬉笑著的同事們假裝沒看到自己進來，她也只能默默走到座位上開始工作。很多被孤立的人後來都選擇了孤獨，或者可以說是為了避免受更多傷，而選擇了不再嘗試。

當然，人生的神奇之處在於，有時候即使眼前門關上了，牆上還能開扇窗，或者鑿壁借個光。約翰‧霍普金斯大學的金沙朗

（Sharon Kim）教授及研究團隊發現，對於那些原本就特立獨行、覺得自己「與眾不同」的人來說，遭遇社會拒絕恰好驗證了他們對於自己的看法，從而激發他們的創造力。但對於重視人際、對歸屬感有強烈需求的人來說，被孤立會為人生帶來更多負面影響。

被孤立者的自救錦囊

亞里斯多德曾說，「離群索居者，不是野獸便是神靈」。但不得不承認，我們中的大多數既不是野獸，也不是神靈，而是一旦被周圍人排除在外就會傷心難過的普通人。如果你正在被他人孤立，或是曾經被孤立的經歷讓你至今感到受傷，或許可以試試做以下這些事。

1. 告訴自己，我的感受是重要的。

很多人小時候都有這樣的經歷：同學或老師不理自己，回去和爸媽講，爸媽卻說，「你想多了吧」「這孩子也太敏感了」。事實上，被孤立不是敏感，孤立他人也不是兒戲，而是會造成實際傷害的行為。因為被孤立而感到難過、不安、痛苦、憤怒⋯⋯都是人真實的情緒體驗。它們是重要的。

2. 找尋其他的社會聯結。

歸屬感是人的基本需求，而被孤立的過程，也是歸屬感被直接剝奪的過程，其痛苦可想而知。但遭到一群人的孤立和排擠，並不意味著我們的歸屬感再也無法得到滿足。可以去嘗試與其他人、其他團體建立安全、穩定的聯結，在新的團體中重獲歸屬感。

這些人可能是你以前的朋友，可能是因某個愛好走到一起的同好，可能是家人，或是心理諮詢師，與他們的聯結也會成為歸屬感的來源。

3. 與諮詢師建立關係。

被他人孤立，可能會留下較深的心理創傷。即使換了新的環境，也會擔心在新的社會關係中再次受傷，擔心自己會一不小心做錯了什麼而損害關係。在這種情況下，與心理諮詢師建立起的關係，會給人一種安全和穩定感。你會感受到與諮詢師之間的聯結，會清楚地知道諮詢師會在那個固定時間等著你。他會和你一起探討那段被孤立的經歷對你造成了怎樣的影響，用非批判的態度傾聽，接納你的不安，陪你處理好當下的情緒。

討好者：確立自我邊界，比迎合討好更重要

一位朋友曾說：「以前我接觸一群新的人的時候，都會忍不住去想，他們會不會喜歡我？怎麼才能讓他們接納我？」在我們眼裡，這個朋友人超級好，總是努力讓身邊的人開心，讓大家喜歡他。無論你有什麼事情請他幫忙，他從來都不會拒絕，甚至經常因為幫別人而耽誤自己的事情。後來他坦誠地說，他並不是樂於助人，而是習慣性地討好別人，曾經的他是一個「討好者」。

討好者是什麼樣的

心理學家蘇珊·紐曼（Susan Newman）指出，討好者活在別人對他們的期待中，不停地追逐著別人對自己的認可，為此願意去做任何事。他們總是將他人的需要擺在自己之前，即使對方的要求不合理，也會硬著頭皮去滿足。

討好者通常會有以下特點：
- 可以敏感地察覺到別人的感受和需要。
- 就算犧牲自己的時間或是感到很疲憊，也要去照顧、幫助別人。
- 無法拒絕別人的請求。
- 不願或不敢表達自己的負面情緒。

- 害怕自己會給別人添麻煩。
- 隨波逐流、從眾、不表達自己的想法。

　　每個人都希望被需要、被愛、被接受，也都會時不時地做出一些討人喜歡的行為，但這並不意味著你就是一個討好者。討好者之所以會像上癮一樣不斷討好別人，其行為背後隱藏著一個最大的動機——期望他所討好的對象，能夠給予相應的回報，就是所謂的互惠原則：我對你這麼好，你應該也會對我好。

　　討好者一般不會或不敢直接表達對別人的需求，他們用行動、付出、討好來暗示別人，期望別人對自己好，給予自己回報。這也是他們內心敏感的表現，他們能敏銳察覺出別人的需求，因此認為別人也都像他們一樣，能夠察覺到他們的需求，而抱有這樣期待的討好者們註定是要失望的。討好者也常常不願表現出自己的負面情緒。因為他們非常在意別人對自己的看法和評價，所以總是試圖保持愉快、樂觀、善良的正面形象，維持自己的「好人緣」。

　　這些討好者看上去是最可靠的朋友、最貼心的愛人、最盡責的員工，似乎全世界都對他們很滿意，但他們唯獨冷落了自己。

為什麼我會變成一個討好者

　　1. 需要別人來肯定自己。

　　討好者往往是空虛的，他們渴求別人的關注和讚賞來填補內心的空虛。他們的情緒、安全感和自尊都基於別人的認可。討好

者無法認可和欣賞自己，他們只能藉由別人的正面評價形成自認為良好的自我概念。

他們只有被別人接受、被需要、被讚賞的時候，才會認為自己是有價值的。

2. 沒能充分感受到「無條件的愛」。

很多討好者的童年都只感受到了「有條件的愛」。只有當他們聽話時，父母才會表揚他們。如果他們所做的不合父母的心意，父母便會不滿、生氣。當他們明顯違背父母的要求時，甚至會受到責備和懲罰。

長此以往，為了得到父母的愛，避免被拒絕或拋棄，很多孩子試圖變「乖」，而「乖」意味著按照父母的要求行事。他們壓抑自己的需求和想法，轉而去努力實現父母對他們明確提出的或隱含的期望。

漸漸地，他們就學會了通過迎合別人來獲得愛，同時也形成了錯誤信念：我是不可愛的，我不值得被無條件地關愛。

如何停止討好

1. 承認並了解自己正在討好。

意識到自己正處於討好模式中，是停止討好的第一步。嘗試列出自己曾在什麼時候、以什麼方式討好別人，討好時自己的感受和結果是怎樣的。這可以幫助討好者在以後碰到相似情境時，更快地覺察到自己在討好。

2. 關注自身，設置邊界。

試著察覺自己的需求，而不是他人希望你怎樣。如果一開始就問自己「我想要什麼」，可能太難回答，不妨從簡單的小事開始，嘗試去做一件自己一直想做、但又害怕別人不喜歡的事情，比如換個髮色，但前提是這件事是你自己真正想做的。當別人提出不合理請求時，討好者通常感覺不得不答應。但要知道，拒絕是每個人的權利。甚至當你說「不」的時候，也不用費心思找藉口，試著陳述自己「不想或不喜歡」那樣做。自己的感受比別人的需求和感受更重要，這並不是自私。為了討好別人而放棄自己的邊界，別人並不會因此喜歡和尊重你，所以把自己的感受和需求擺在首位是很重要的。

3. 在安全的環境中進行自我確認。

解決討好問題的核心是自我確認。自我確認是一個逐漸認識並接受自己的內心體驗、想法和情感的過程。討好者所缺乏的，正是看見真實自我的能力。

再回到本節開頭我們提到的那位「好好先生」朋友，他也經歷了很長時間的掙扎和轉變。後來他告訴我們，現在再遇到一群新的人時，他首先想的是：我會不會喜歡他們？

獨行者：孤獨地生活並享受著

先來講一個故事。故事的主角叫永里大介，他 39 歲了，英俊，未婚。大介是一名獨身主義者，經過多年的努力，他在東京購得了一套大型的獨居公寓，禁止外人隨意入內。大介崇尚獨處與自由，拒絕婚姻。除工作外，他的日常愛好就是健身、騎車、旅遊。同事問他，一個人肯定很寂寞孤獨吧？大介回答，去健身房做 100 個深蹲，你就什麼寂寞的想法都沒有了。父親質疑他的生活方式不夠主流，大介回應，一個人生活怎麼就不行了！沒有給任何人添麻煩，也沒有傷害到任何人。

這個故事來自一部日劇《家族的形式》，劇中講述了兩個享受孤獨、喜歡獨處的都市男女的生活故事。

藝術來源於生活，無論是將獨處當作生活常態（如主動選擇單身，堅持不婚等），還是在和別人有聯結（如交朋友、談戀愛、結婚）的情況下依舊珍視獨處的空間，越來越多的人開始過著或者是嚮往著永裡大介那樣的生活。喜歡孤獨，享受獨處，擁有完全屬於自己的空間─這就是獨處者的生活方式，也是目標與理念。

喜歡獨處的不僅僅是你，還有千千萬萬人

獨處很罕見嗎？並不。資料顯示，美國有超過 3100 萬人

選擇獨自一個人生活。美國社會心理學家貝拉・德保羅（Bella DePaulo）是現實中的獨處者典範。貝拉年過半百，她不僅獨身，還長期研究孤獨、獨處和獨身主義。在她看來，選擇孤獨與獨處從來就不是一件羞恥的事情。與想像相反，貝拉並不內向。

她喜歡社交，喜歡拜訪朋友，喜歡娛樂。但在幾十年的生活中，她一直都是一個人，並始終以自己的獨處方式為驕傲。「我從不會在獨處中感到孤獨。我享受一個人的時刻。回想那些令我真正覺得無趣的瞬間，反而是和別人在一起的時刻。」

現代人的一個普遍感觸是，人越長大越孤獨，而與之伴隨的另一個有趣現象是，人似乎越長大也越喜歡獨處。為什麼呢？也許是因為，我們渴望擁有自己的空間，但空間卻越來越小。審視當下，工作與生活開始頻繁要求我們在公眾場合拋頭露面，日益發達的科技開始侵占個人空間，微信、朋友圈開始銷蝕工作與生活的界限。在最重要的人際交流上，我們常常發現自己置身於不生不熟的人群中，為了某些目的而進行淺層的交流。舊時的朋友們也都各自忙碌，我們透過電波互相安慰著取暖，有時候也發現隨著年齡和經歷的改變，可共用的話題越來越少。再後來，可能就會選擇獨處了。我們開始在自己的空間裡「修煉」自己，一個人讀書、聽音樂，一個人外出旅行、看電影。一個人給自己充電，一個人解決問題。

愛因斯坦曾說過：「年輕時，我過著痛苦的獨處生活。但當我成熟後，我發現獨處是一件非常美好的事情。」的確，同外界所描繪的「孤單寂寞冷」相反，當我們在自己與外部世界之間畫了一

條明確的分界線，實現獨處並享受一個人的孤獨時——我們反而覺得，生活變得更好了。

如果你有這樣的感覺，別害怕，你並不是少數。2013 年，一項針對美國人飲食習慣的報告表明，在 60% 的情況下，人們選擇單獨吃早餐，單獨吃午餐的概率是 55%。2000 年的一項研究也表明，比起 80 年代，美國的夫妻更少待在一起吃飯了。在日本，許多餐廳開始提供一個人的就餐座位。也許你會說，是現代社會的忙碌節奏讓很多人無暇與別人結伴進餐。但是，越來越多的人開始主動重視獨處的重要性。即使不是單身，他們也愈發渴望個人的獨處空間。在一項針對美國成年人的問卷調查中，85% 的人認為，實現完全的獨處是一件重要的事情，這其中又有 55% 的人覺得這是非常重要的。相比之下，僅 9% 的人認為獨處不重要。

「人生就該像自己辛苦賺錢買來的公寓，我的城堡我做主，外人禁止隨意入內。」這是獨處者的人生格言。

為什麼選擇獨處

無論是獨處還是獨身，「擁有自己的獨處空間」「選擇自己想要的獨身方式」正在變成一種潮流，成為值得大聲吶喊出來的驕傲選擇。而支撐這種驕傲的，不僅是獨處者自己的價值觀，其背後也有著獨處帶來的好處。

1988 年，美國著名的精神分析學家安東尼‧斯托爾（Anthony Storr）在《孤獨：回歸自我》一書中寫道：「很多人都在強調關

系，強調聯結，是的，這很重要。但很多時候，人類最深刻、最基本的精神體驗，都是發生在內部的，需要借助孤獨與獨處。」的確，人們對於「孤獨」「一個人」「獨處」這些事情有著太多的誤解。在常識中，獨自一人是羞恥的，很多人都會這樣想：啊，你好可憐，你孤獨一人，沒有人陪，你的人生真失敗啊。但實際上，這是一種常見的、假性的獨處，其本質是寂寞。由於內因或外因的關係，你被群體拋棄，被人群隔離，從而被動或主動地喪失了與別人的聯結，成為一座孤島。

內因的孤獨更多是一種寂寞的體驗，尋求聯結而又不可得的失落感，並為獨自一人而感到可恥；而自我選擇的孤獨更多是一種積極自由的選擇，即我在渴望親密的同時也尊重自己想要獨處的願望。寂寞的孤獨讓人絕望和無力，而自我選擇的孤獨在某種程度上能給予個體成長的力量。因為真正的獨處是一種積極的體驗，是享受一個人的狀態，是一種主動選擇的孤獨。在這種情境下，你可以一個人靜靜地待著，做自己想做的事情，處理自己的情緒，解決自己的問題。

獨處可以帶來多種積極內涵。這其中，自由與啟迪是獨處能帶來的最大意義。

自由，這是獨處帶來的最大意義之一。在這種自由下，你可以從日常的繁瑣中抽身而出，尋找內在的平和。你可以做任何想做的事情，而不用顧忌社交規則與禮節。最重要的是，你可以完全放鬆自己，睡覺、徒步旅行、給自己充充電，再更好地重返現實生活。

啟迪：獨處是一個自我啟迪的過程。你可以在其中進行更多的自我發現與探索，豐富並拓展自己的視野。你還可以從獨處中收穫一些創造性，進而直接解決手頭上的問題。對更多人而言，獨處提供的是情緒上的啟迪功能。一個人待著的時候，能更好地整理情緒，實現自我覺察與反思。就像我們常常說的「讓我一個人靜靜」。

在強調關係、婚姻、親密與聯結的現代社會文化中，崇尚孤獨顯得獨樹一幟。但隨著社會進程的發展，它也被越來越多的人所接受。甚至在 30 多年後，美國人詹姆斯‧阿維里爾（James Averill）和呂坤維（Louis Sundararajan） 專門編輯了一本學術讀物，名為《獨處指南》── 在美國亞馬遜上的售價折合新台幣 4500 元。瞧，獨處是一件多麼昂貴、有價值的事情！

獨自一人的願望很美好，現實卻很殘酷

在中國，目前並沒有找到太多關於獨處的研究資料，但僅以經驗來看，獨處是一個在小眾群體中備受推崇、在媒體上被發聲吶喊，但在現實中依舊會受到不友好對待的生活方式。

週末了，一個人出去旅遊或看電影，或被讚揚夠「文青」（但「文青」在這裡是一個貶義詞，帶著些許揶揄），或被說是可憐的單身狗，快找一個人陪著吧。而選擇待在家裡，又會被形容是不懂生活的宅男宅女。對那些選擇獨身的人而言，情況會更糟糕一些。社會規範與文化會不停地督促你選擇婚姻，進入家庭組織中。

男性久而不婚，會被指責為沒有責任感，不懂家庭的美好。女性久而不婚，會招致更惡劣的謾罵與詆毀。對於喜歡獨處的人而言，最大的威脅是恐懼。這種恐懼常常混雜著來自他人的嘲諷與評判，以及壓力之下產生的自我懷疑與動搖：這樣真的好嗎？我是不是應該換一種生活方式？

撰寫了《獨處的藝術》一書的薩拉‧梅特蘭（Sara Maitland）指出，為了逃避因獨處而產生的恐懼，人們一般會做出兩種防禦行為：第一種行為是詆毀那些崇尚獨處的人，視他們為瘋子，自私自利；另一種行為則是無限拓展自己的社交管道，尤其是在當下社交網路氾濫的情況下，希望借這種方式讓自己不再孤獨。但是，苛刻一點說，那些無法處理獨處時與自己的關係的人，也很難在生活中處理好和別人的關係。

很多人格完整、交流起來給人如沐春風之感的人，幾乎都能在獨處和社交之間切換自如。這類人一般也是更愛獨處的，因為他們需要用獨處的時間來完善自己。所以，下次再有人攻擊你的獨處行為時，請保持鎮定，不要懷疑。請驕傲地告訴自己，我是一個享受孤獨、懂得覺察與自省的獨處者，我的生活、生活方式都由我做主。

霸凌受害者：當眾被羞辱，這不是你的錯

相聲演員岳雲鵬曾經說過成名之前的一段經歷。

15 歲那年，他在餐館當服務員，因為錯算了兩瓶啤酒的價格，被客人辱罵了三個多小時，之後還被老闆當眾開除。「我到現在還是恨他。」他在談到這個痛苦回憶時，甚至難過得落淚，「很多人都說，你現在都這麼出名了，你應該不恨他了。沒有他，你就不可能有今天，怎樣怎樣。但我還是恨他，非常恨他。」記者問他：「你把這件事寫進過相聲裡嗎？」

我們以為小岳嶽可以用相聲的方式化解這段過往，以為那些讓人哭過的事情，終有一天會被笑著說出來，但他說：「我不敢想，我不想回憶這段。」對於一個 15 歲的青年來說，也許這樣的羞辱烙在心裡再也無法抹去。不是所有痛苦的經歷最終都能笑著說出來。

批評和羞辱，不是同一回事

我也曾經被當眾罵過很多次。記得上小學時，有一次數學老師因為我上課不聽講，在下面自己玩，把我叫到講臺上破口大罵。她越罵越順口、越罵越激動，滿嘴飛沫都噴到了我的臉上。下面的同學有的偷偷笑，有的衝我翻白眼做鬼臉。他們很高興看這齣

戲，因為老師罵別人的時候，他們至少可以不聽課了。而當時我腦子裡一片空白，那些罵我的話好像是從很遠的地方傳來，我什麼都聽不清楚，但能感覺到渾身像著了火一樣燒得疼。那個當下，我想不到是因為自己犯了錯才被批評，也反省不了自己的行為，只是覺得自己受到了極大的羞辱，想要立刻逃離現場。

可能每個人或多或少都有當眾被批評的體驗，或是小時候犯了錯，被父母當著一眾親戚打一頓，或是像我一樣被老師訓斥。再長大點，可能會在工作時被長官罵，讓所有同事都知道你工作出了錯。總之，當眾被罵是一種很不好的體驗。

這不是說完全不能批評別人，如果一個人做錯了事，適度的批評和懲罰是必要的。但羞辱是另一回事。比如，一個孩子沒寫作業，老師批評了他，他會覺得很窘迫，老師直接批給他一個不及格，他會覺得沮喪，但是如果老師讓他舉著作業本、對著牆角罰站，並且讓同學們回頭看他，這時老師就賦予了其他人嘲笑他的權利。此時他感受到的就是羞辱。羞辱與窘迫的不同在於，窘迫是我們自發感受到的，而羞辱是別人施加給我們的。同時，羞辱也是所有情感中最具傷害性的。它是一種自我被貶低、被擊垮的感受，尤其是被自己喜歡、尊敬的人羞辱，造成的後果更加嚴重。有人說羞辱是一種比死刑更甚的懲罰，因為死刑只是剝奪了一個人的生命，而羞辱是摧毀了一個人的生活、名譽、尊嚴之後，讓他繼續活著。這也就是為什麼，有些尷尬的事情，日子久了可以用玩笑的口氣說出來，但被羞辱的痛苦永遠不能平復。

一個女生也許可以大方地說出，某天喝醉了手舞足蹈，當著

喜歡的人出了大糗，但她當年鼓起勇氣告白，寫的情書被男生貼在走廊裡引發的諷刺哄笑，卻是不敢輕易想起的傷疤。

被當眾羞辱的毀滅性體驗

為什麼有人喜歡羞辱別人？部分羞辱他人者認為，這種方式能夠達到教育、激勵的目的，覺得給人一個教訓，讓他知道害臊了，他以後就會更努力、更規矩。那些被羞辱的人也在將這些經歷合理化，認為這是生活給自己的磨礪，要「知恥而後勇」，加倍努力改正錯誤才是洗刷恥辱的唯一方式。但事實上，羞恥感很少能夠成為讓人產生巨大改變的動力，它帶來的更多是傷害。同時，如果一個人真心為別人考慮，想要指出他人的錯誤，是不會通過羞辱來達成的。在公共場合羞辱別人，往往只是為了自己。當眾批評別人，多數情況是為了顯示自己的權威和地位，其目的並不是針對被羞辱的人，而是指向在場的其他人。

我的小學班主任，曾把一大疊作業本砸在某男生頭上，當時全班同學都嚇壞了。班主任這樣做，絕對不是因為替這個男生的學業擔心，而是想要殺雞儆猴，給其他同學看，不聽話會有怎樣的「後果」。羞辱別人的人是在樹立自己的威嚴形象，或者宣洩自己的情緒。然而，當眾被羞辱給人們帶來的後果往往是羞辱者無法想像的。它會影響我們看待自己的方式，在幼年遭受羞辱容易影響一個人的自尊和自我價值感，還會引發許多情緒問題。羞辱經常與欺凌行為聯繫起來，因此也容易引發抑鬱、焦慮情緒。

對我來說，童年時期那些被師長當眾羞辱的瞬間，導致我對「老師」這個身分有很深的陰影。雖然之後也遇到了很多好老師，但是在與他們說話的時候，總有一團濃濃的畏懼隔在中間，害怕自己會不會不小心惹怒他們，怕自己再被罵。而我一個朋友在青春期被喜歡的人羞辱、嘲笑，在之後的戀愛中變得很難信任對方，患得患失。

另外，有研究發現，羞辱事件往往更容易引發憤怒情緒，這種由羞恥感引發的憤怒被稱為「humiliated fury」，也就是通常所說的「惱羞成怒」。這種憤怒有著巨大的破壞性，馬加爵事件、辱母殺人案……很多悲劇背後的導火索都是被羞辱之後產生的憤怒。如果不是這種極致的羞辱，事情的走向也許不會如此糟糕。

如何在經歷羞辱後重建自我

看起來，羞辱別人的一方掌握著絕對主動權。小岳嶽恰巧就碰到了蠻不講理的客人，告白的女生恰好喜歡上了一個不懂得尊重的男孩，我恰好遇到了一位愛罵人的老師，在這些人面前，我們變得弱小、毫無力量，彷彿把自己交出去任人宰割，受到羞辱之後，只有不斷地想「他怎麼能這樣對我」。

有的人感到憤怒，一輩子邁不過去這道崁，或是透過暴力復仇來回應受到的羞辱。也有些人（無意識地）陷入自責和羞愧，不停地找藉口為對方開脫：「如果不是他罵我，我也不會成功，我應該謝謝他。」但這些都是無效回應，因為這對於修補已經造成的

傷害無濟於事。

　　曾經受到創傷的人，需要找到另外的方式重新認識自己的情緒，試著與情緒對話，慢慢地重建自我。

　　1. 認知層面：牢記「這不是你的錯」。有時候，羞辱的發生可能非常隱蔽、不易察覺，而當他人不夠友善時，我們傾向於責怪自己「做得不夠好」。需要明白的是，被羞辱不是你的錯，你無須讓莫須有的流言蜚語擊垮自己的自尊心。

　　2. 行為層面：向朋友和家人尋求支持。

　　2013 年，有一項針對被霸淩者的調查發現，25% 的參與者認為向朋友和家人尋求支持是緩解不安和羞恥感的重要方式，當你對現有環境感到無力，可以多跟以前的朋友保持聯繫，因為他們知道你是怎樣的人，也能提醒你值得被更好地對待。

　　3. 自我對話：嘗試和自己的情緒進行對話。

　　曾經遭受創傷的人，需要找到另外的方式重新認識自己的情緒，試著與情緒對話，找到讓自己崩潰和絕望的原因，慢慢地重建自我。

替罪者：如何避免成為代罪羔羊

辯論綜藝節目《奇葩說》曾討論過一個很有意思的辯題：被冤枉和誤會的時候要不要澄清？在這期節目裡，辯手黃執中提到了一種「被冤枉的感受」：有個男生在小學的時候，被誤認為偷了同桌的筆，幾個星期後才發現是被冤枉了。當時，班主任點著他的腦門罵他「小偷」「賊」。他百口莫辯，一邊哭一邊渾身發抖。沒有一個人站出來為他說話，十多年後他說起這件事時，依舊很憤怒，他說：「我這輩子，最討厭被人冤枉了。」

莫名其妙就背了口黑鍋，這位同學大概就是傳說中的「代罪羔羊」。

「甩黑鍋」的四種形式

「甩黑鍋」指的是產生負面結果時，個體或群體對另一個體或群體做出不公正的指責甚至懲罰，而事情的真相則被忽視或蓄意掩蓋。

「甩黑鍋」有以下四種形式：

1. 個體把鍋甩給另一個體。

這一形式的甩鍋，可能是為了逃避責任，或幫助他人逃避責任。例如，大家組隊打遊戲，A 犯了錯，為了不被指責，而說是 B 手滑；或者 A 知道是 C 犯了錯，但為了不讓 C 被踢出隊，而說是 B 手滑。甩鍋也可能是為了讓自己儘快從事件中抽身。還是以組隊

打遊戲為例，遊戲輸了一局，不知道誰坑了全團，團長質問 A，A 為了免於被質問，便說是 B 來敷衍。

2. 個體把鍋甩給某一群體。

指個體認為問題是某一群體造成的，但實際上並不是這樣。日常生活中，許多偏見和歧視都屬於這類型的甩鍋：看到車子停歪了，認為駕駛員一定是女司機；發現東西丟了，就說是外地人拿的……等等。

3. 群體把鍋甩給某一個體。

意思是說一群人認為問題是某個人造成的，並孤立對方。例如，在學校裡，有人在老師抽屜裡放了隻青蛙，老師問是哪個同學做的，沒人承認的話就集體罰站、罰抄寫。這時，全班同學都說是 A 做的，無論真相如何。在這樣的情況下，A 就成了集體的「代罪羔羊」。

4. 群體把鍋甩給另一群體。

這指的是一個群體共同經歷了某一問題，然後指責是另一個群體造成了這個問題。歷史上這樣的例子很多見，例如二戰時期德國納粹對於猶太人的迫害。

甩鍋有諸多形式，我們的關注點主要聚焦在個人心理層面。因此，接下來會重點討論個體背鍋和甩鍋背後的心理學機制。

「背鍋」讓人受盡委屈

無故被人甩鍋，背鍋的一方往往會陷入憤怒、悲傷、失望、委屈等負面情緒，在家庭、社交或親密關係中感到失控、孤獨、被拋棄、被欺負、被背叛。情況嚴重的話，代罪羔羊們會在很長時

間之內，遭受心理創傷的折磨。創傷修復專家莎莉‧斯汀（Sharie Stines）博士認為，從某種意義上說，甩鍋的人和代罪羔羊是掌控與被掌控、操縱與被操縱的關係。

所以，代罪羔羊們也具有一系列「好人」特質，比如：

- 富有同情心。
- 願意付出甚至自我犧牲。
- 容易原諒他人。
- 獨立自主。
- 擁有較多社會資源。
- 傾向於相信事情的發生不受個人意志左右。
- 不太容易分辨出來自他人的操控或虐待。

為什麼會有人忍心把鍋給這些好人呢？人們甩鍋的動機究竟是什麼？

「甩鍋」背後的行為動機

紮卡里‧羅斯柴爾德（Zachary Rothschild）等學者提出，甩鍋這一行為背後的動機，主要可以從兩個方面來解釋：保持道德價值感，以及保持個人控制感。

1. 防禦投射。

人格心理學家高爾頓‧威拉德‧奧爾波特（Gordon Willard Allport）認為，甩鍋是諸多防禦投射中的一種。防禦投射，指的是我們內心對某

種衝動或想法感到恐懼，為了緩解這種恐懼，而認為是其他人有這樣的衝動或想法。這一心理過程往往發生在潛意識層面，難以被察覺。在「甩鍋」的過程中，個體或群體尋求將自己內心的自卑感、罪責感或自我憎恨投射到另一個體或其他群體身上，認為別人才是不道德的、罪惡的，並通過孤立、排擠或其他方式懲罰代罪羔羊，來保證自己仍然是道德的。

2. 逃避罪惡感。

也有一些更新的研究指出，當人們意識到自己對某些事情的負面結果負有一定責任，也意識到內心的罪惡感時，將指向他們的指責轉嫁到他人或其他群體身上，是人們用來減少罪惡感的一種策略。有趣的是，即使丟鍋的人知道，不會有人發現自己做錯了事，自己也不必真的付出什麼代價，他們依然會選擇將鍋丟給別人，以逃避良心的譴責。

3. 保持個人掌控感。

人們希望對自己身處的環境有一定的掌控力，這可以說是我們的基本心理需求之一。而當不好的事件發生時，個人的控制感就會受到威脅。更令人不安的是，這些事件的原因往往是未知的，或是出於一些不可控的因素。這個時候，將責任丟到某個代罪羔羊身上，就可以重塑掌控感。

相比事實真相，代罪羔羊是一個已知、可控性高、可以被了解的存在。而相比起沒人背鍋的情況，丟鍋給他人之後，我們對於外部環境的感知，就又恢復到事情發生之前那種有序、穩定而可控的「安全狀態」。這也解釋了，為什麼人們即使沒有犯錯，也喜

歡丟鍋給他人。

「代罪羔羊」自救小攻略

如果你莫名其妙地成了代罪羔羊，在陷入委屈和絕望的時候，一些自救的方法或許可以幫到你。

你可以選擇不做這些事：

• 不要自責。別人甩鍋給你，不是你的錯，並不是你做了什麼事導致現在的局面。

• 不要說服自己「這沒什麼大不了」。受委屈就是受委屈了，自己的感受是重要的。

• 不要繼續「甩鍋」給下一個人。可能這樣做會讓你暫時鬆一口氣，但會增加內心的罪惡感。

• 不要做旁觀者。如果發現其他人背了鍋，而你恰好知道真相，是時候站出來幫個忙了。

同時，你可以選擇做這些事：

• 離開甩鍋給你的人或群體，避免持續受到傷害。

• 如果遭受到任何暴力或欺凌，尋求專業幫助，或直接報警。

• 相信清者自清，你不必為他人的錯誤負責任。

• 以堅定的態度聲明真相。如果沒人在聽，說一次就夠了，也不必過度為自己辯護。

• 尋找支持。比起想方設法讓不相信你的人相信你，與那些原本就相信、支持你的人站在一起更重要。

隱形攻擊者：拉黑、擺爛、生悶氣，你很可能是在隱形攻擊

你也會用這些方式表達憤怒嗎？這很可能是隱形攻擊。

1. 你經常生悶氣。

你很難承認和表達自己「生氣了」。當別人問起，你很可能會用「我沒生氣」「我很好」否認自己的情緒，拒絕進一步的溝通。

2. 相比於直接表達不爽，你更喜歡在心裡默默扣分。

當你在人際關係中感到被冒犯，相比於直接跟對方表達不爽，你更傾向於在心裡默默扣分。

3. 很生氣的時候，你會用拉黑、絕交表達憤怒。

當不爽的情緒累積到一定程度，你會用拉黑、絕交這樣的方式表達憤怒。因為你的憤怒不曾表達，被拉黑的那一方會感到困惑，不知道你為什麼會這麼生氣。

4. 不會拒絕，但會用拖延、擺爛表達不滿。

你不知道怎麼拒絕別人的要求，即使內心很抗拒。但你會用另一種方式表達自己的不滿，比如：

• 覺得上司分配的工作任務不合理，就把它拖到最後一秒，最後不得不延期；

• 不喜歡父母選的專業但又不敢自己做主，就用厭學表達抗拒。

5. 你很怕正面衝突。

當關係出現分歧，習慣迴避衝突，繼而用迴避的方式表達不滿。比如：

- 不回消息，在談話和聚會中故意忽視對方。
- 害怕激烈的爭吵；當衝突發生，你會有強烈的恐懼。

6. 有時，你發現你會「陰陽怪氣」。

比如：

- 用諷刺的方式回應別人。
- 有意無意提到一個會讓對方不開心的話題。
- 拉出對方的黑歷史、翻舊賬。

如果你發現自己也經常用這些方式表達憤怒，那你很可能是在「隱形攻擊」：借助拖延、迴避、故意激怒和暗中報復等表面上溫和無害的方式，表達隱藏的憤怒和不滿。

隱形攻擊很多時候是無意識的，無論是攻擊者，還是被攻擊者，身處其中都很難覺察到發生了什麼，只會覺得莫名的「不舒服」。而這種不易察覺的不舒服，可能在慢慢傷害你的關係。

隱形攻擊讓關係兩敗俱傷

我們可以試著先當個觀察者，看看當一段關係中出現了隱形攻擊，關係雙方會經歷些什麼。

被隱形攻擊的一方，往往有苦說不出。那種感覺就像「鈍刀

子割肉」，感覺沒哪裡不對，但就是處處都不對。

他們可能常常因為對方突然而來的冷漠、迴避和拒絕感到莫名其妙，開始懷疑是不是自己做錯了。也可能對他們總是拖延、遲到和陽奉陰違的行為滿腔怒火，但在明處上又不好指責。抑或是，對陰陽怪氣的話語感到不舒服，卻又不好反駁。最後只好「迴避」「警惕」「遠離」。

而另一邊，發出這種攻擊的人，也並沒有想像中的那麼好過。可以說，被攻擊的人有多痛苦，他們就有多痛苦。

隱形攻擊會讓情緒邊界變得模糊。當安全界限被人侵犯時，他們無法通過表達憤怒警示對方。所以，在關係中，邊界會一再被侵犯，越相處就越受傷。

發表在《心理學前沿》雜誌上的一項研究發現，隱形攻擊的行為模式會抑制情緒管理能力的發展，讓人更容易陷入抑鬱，採用過分進食或自我傷害的行為緩解情緒。

不僅如此，隱形攻擊還會蠶食信任，催生更多更激烈的矛盾衝突，阻礙學業和職業發展：

- 討厭某位老師，不認真聽他的課。
- 對要求很高的父母不滿，故意考砸。
- 不喜歡某位同事或領導，拖延工作直接擺爛。

這樣表達憤怒，不僅讓溝通變得更不可能，也不能讓憤怒真正被安放，還會進一步傷害自己。

為什麼你會隱形攻擊

　　隱形攻擊其實是一種自我保護的防禦機制：在過往的關係體驗中，我們因為各種原因無法直接表達憤怒，於是習得了這種被動的攻擊。它的產生可能跟這些原因有關：

　　1. 不允許憤怒的童年。

　　隱形攻擊可能跟原生家庭經歷有關。比如父母總對你提出很高的要求，一旦你表現不好，他們就會發脾氣，不耐煩。無力正面反抗的你，只能用他們察覺不到的方式去反抗。

　　臨床心理學家斯科特‧魏茨勒（Scott Wetzler）博士在多年的臨床心理諮詢中發現：很多喜歡隱形攻擊的男性，往往有一個不在場的父親。因為在成長過程中唯一的男性榜樣給他一種很可怕、無法接近的感覺，他只能認同這樣的父親，成為一個情感疏遠的人。

　　再比如，在童年時體會過非常猛烈的家庭暴力，包括但不限於身體虐待、體罰或語言虐待……每當類似的場景重現，你都會再次體驗到童年時的無助和恐懼。

　　2. 低自尊。

　　隱形攻擊常常跟較低的自我評價相關。對自己的不自信，讓你很難說「不」和拒絕別人，也沒有勇氣為自己的需要和權益發聲。你總是覺得自己需要對別人好，不能違背和忤逆對方，這樣別人才會喜歡自己，認可自己，你會極度在意別人對自己的看法。但是，由於無法拒絕和堅持自我，你只能選擇內化憤怒。但隨著時

間推移，這些憤怒會積累成怨恨，導致對自己的攻擊，引發抑鬱或以隱形的方式指向別人。

3. 對失去關係的恐懼。

隱形攻擊，還跟對失去關係的恐懼有關。

在決定表達憤怒或隱忍不發之前，你的腦海中會自動冒出各種「對發怒場景的想像」：我可以這麼做嗎？如果發火了，會有什麼樣的後果？

不敢表達憤怒的人往往有這樣的想法：「只要我表達了憤怒，我就會失去這段關係」「如果我生氣了，對方就會離開我」。出於對失去關係的恐懼，壓抑憤怒就成了應對衝突的唯一方法。

如何走出隱形攻擊

1. 感覺到生氣的時候，不必急於否認。

隱形攻擊的人常常體驗不到憤怒，因為壓抑已經成為一種習慣。如果你也很難接納自己的憤怒，可以從關注自己的身體反應開始，引導自己去感受憤怒。

感受憤怒帶給你身體上的感覺，具體是哪個部位不舒服？具體的感覺是怎樣的？試著感受它們，用不評價的態度，允許它們跟你一起待一會兒。

2. 覺察憤怒的源頭。

覺察到憤怒之後，問問自己，為什麼生氣？

在《怒氣與攻擊》一書中，作者維蕾娜・卡斯特（Verena

Kast）發現，生氣通常由以下五種特定的情感所引起：

- 受到傷害，想要報復。

- 想獲得掌控感，但無能為力。

- 心灰意冷，想推開別人。

- 不被尊重，想獲得認可和關注。

- 表達複雜情感，減少自己的不舒適。

當你找到背後的原因，就可以試著向對方表達自己的感受，比如「我感到被忽視了」「我感覺受到了貶低」「我很挫敗」等。

3. 容許建設性的衝突。

你還可以試著修正自己對衝突的信念：

衝突和矛盾並不一定都是可怕而不可挽回的，也可以是有建設性的。試著在下次面對衝突時，用一種更有建設性的方式解決它：

- 少一些批判和相互指責，把表達的重點放在描述自己的感受上，比如把「你很傷我的心」換成「我現在覺得有點傷心」。

- 避免用一概而論的說法，例如「總是」「從來不」。

- 不再假設對方應該知道你的想法和感受，而是直接表達。

- 一起討論解決方案及其對各自的影響。秉持著雙贏或「至少沒人輸」的準則，選擇對雙方最有利的方案。然後一起執行並評估結果：這個辦法對改善我們的溝通有效嗎？萬一還有下次，怎麼做可以得到更好的結果？

最後，隱形攻擊並不全是「壞」的，它是一個人習慣性地保護自己的方式，就算帶來了很多問題，也是你當時所能為自己做

出的最好選擇。但如果你發現，這種防禦方式現在讓你活得很辛苦，或者讓你失去了一些本可以讓別人更了解你的機會，或許就是做出改變的時候了。

你會發現，直接地說出「我很生氣」，不一定意味著關係的終結，而很有可能是真正溝通和理解的開始。

第六章　社交關係中的陷阱

朋 友 帶 給 我 的 那 些 痛 苦

　　我們發現，來到心理諮詢室的人，常常提及友情和與朋友的關係。這些關於友誼的故事，是他們生命中最為重要、深刻或是最痛苦的時刻。

　　有時人們發現，朋友沒完沒了地求助，已經逾越了邊界；有時我們陷入「非解釋不可」的情緒，卻發現對方根本沒有聽下去的興趣；或者，當朋友向你訴說他的創傷，你卻發現自己深深沉浸在痛苦中，無法走出來，彷彿被吞噬。

　　在本章中，我們聚焦憤怒、心理遊戲、同理心耗竭、習慣性撒謊、友誼的消退等幾個方面，一起討論，在與朋友的相處中學會處理憤怒、傾聽、解釋與講述的有效方法，以及如何面對友誼的進化、維持和衰退中的種種問題。

憤怒無能：生氣也是一種能力

你是一個常常憤怒並表現出來的人嗎？我不是。我甚至覺得自己是一個「憤怒無能者」，因為我總認為憤怒是「不得體」「不沉穩」的表現。有一句話說：人的一切痛苦，都是源於對自己無能的憤怒。我曾在很長一段時間裡把它當作金科玉律——因為我不想當一個無能的人。

直到後來走進諮詢室裡慢慢探索自己，我才明白，我應該憤怒，為什麼不呢？憤怒，從來就不是一件讓人羞恥的事情。

有部電影名為《憤怒之上》（*The Up side of Anger*），或許可以翻譯成「憤怒的好處」。主角泰瑞四十多歲了，用女兒的話說，她「曾是這世界上最和善、溫柔、甜美的女人」——是的，「曾是」。在丈夫格瑞忽而一夜消失不見之後，她確信自己和四個女兒被拋棄了。於是，這個曾經最溫柔的女人內心的憤怒像火山一樣爆發。她開始酗酒，亂發脾氣，戾氣十足。

影片中，憤怒就是一把利刃，戳破了泰瑞看似四平八穩、實則充滿空虛和不安全感的生活。想來，泰瑞可能從來就不是那麼和善、沒脾氣的一個人，而是一直在掩蓋自己的「陰暗」情緒，直到憤怒的導火線將她陳舊的心理模式和生活方式捅破。儘管影片中的泰瑞並沒發生太多成長，但「憤怒的好處」是確實存在的。在大多數人眼裡，憤怒是種從根本上就很消極的情緒，甚至

還帶著讓人羞愧、恥辱的餘味。悲傷、焦慮尚且有人湊過來理解、陪伴，給予安慰和同情，但憤怒之下，必然只剩你一人站在怒火之中。

但是，真的一定要如此嗎？

壓抑憤怒，是一種受傷害的開始

如果我告訴你，嬰孩時期，我們的大哭便是一種憤怒的方式，來表達需求未被滿足或被剝奪的痛苦。那麼，你就會相信，憤怒是一種原始的情緒。只是，隨著成長，人們漸漸意識到，在社會文化中，我們需要壓制憤怒，因為它太不討喜──不僅消極，還天生具有攻擊性，往往會嚇跑身邊的所有人，無法獲得善意。

初二的時候，班上來了個剛畢業的語文老師。也不記得最初是誰惹了誰，總之，這個班迅速成了她口中全年級紀律最差、最不像話的班級。上課時，她總是將手裡的滑鼠當成角尺，劈里啪啦捧打在桌上。而同學們也不負所望，紛紛從課桌裡掏出 CD 隨身聽、小說、漫畫，甚至三五成群坐在一起小聲聊天。課堂霎那間變成兩軍交火的戰場。不管你信不信，這是所重點中學。

小 A，也和所有那個年紀的孩子一樣，甚至可能再稍稍過分一點。他私下給老師起外號，對她的吼叫置若罔聞，在語文課上做任何事，除了聽課……

終於，在一次公然與老師的作對之後，小 A 被請到了辦公室。當時小 A 怒不可遏，但又隱隱有些擔憂。在語文教研組的辦公室

裡，另一位老師走過來，拍拍小 A ，滿是善意地笑著說：「聽說過你，挺有個性的。」霎那間，小 A 所有的不被尊重（當然，年少的小 A 也對對方報以傷害和不尊重）、被否認、被質疑，都在這位老師的動作、話語和笑容間消散了。後來，初三的時候，她成了小 A 的語文老師，他們的關係也很不錯。

未必人人願意以這種「叛逆」表達自己的不滿，或許也懼怕面對類似的衝突。所以，我們漸漸學會了壓抑自己的憤怒：在學校得不到尊重，夢想被嘲笑；轉身，面對社會上的不公，對房價、對上司……我們往往只能選擇控制自己的情緒。

有時，原本和平的社交關係中，對方忽然越界，邊界被侵犯混淆。再如，陌生人或親人會侵犯、剝奪我們的權利或空間。凡此種種，憤怒的「電光火石」隨處皆是。小火苗一旦燃起，被它傷害的「初始」模式，就是壓抑憤怒，將其埋在心裡。尤其對於像影片《憤怒之上》的女主角特裡這般有著諸多 「附屬身分」的女性而言，發怒似乎意味著粗魯、自私，更不被接受，因而也更傾向被抑制。

未熄滅的憤怒會轉化為兩種情緒：自責與自我懷疑，以及焦慮。心理學家卡倫・荷妮（Karen Horney）有一個著名的理論：孩子對於父母的敵意如果受到壓抑，這種敵意將會逐漸轉化為焦慮，並且蔓延到孩子對整個世界的觀感中。也就是說，如果長期壓抑自己的敵意，那麼這種敵意就會從有明確物件的「憤怒」，轉化為失去明確對象的泛化的焦慮。

長期這樣控制情緒，可能會愈發喪失覺察與滿足自我需要的能

力，甚至無法體驗、表達憤怒，而這本身已會讓人產生無力感。

「合理」面對自己的憤怒

憤怒和焦慮、恐懼的不同之處在於「主動出擊」。

根據腦成像的研究，焦慮和恐懼將啟動大腦中與「逃避」有關的區域。它意味著當人們感到焦慮或者恐懼的時候，傾向於通過逃避、壓抑的方式讓自己暫時安定下來。而憤怒則與趨向行為有關，憤怒在無形中給予我們某種勇氣，相信自己可以改變結果，使之有所不同，於是會趨向行動、改變，而非逃避。憤怒的情緒帶有「命題驗證」的色彩，驅使人們去尋求能夠證明自己想法的證據。

人們常常覺得，跟一個正在生氣的人講道理，是一個不太明智的選擇，因為憤怒讓人失去理智，固執己見，自以為是。然而，研究者得出的結論恰恰相反。憤怒狀態下的人反而會更多地採集駁斥自己的資訊，想法更開放，結果也更有可能改變先前的認識，而非陷在其中。

相比於僅僅感到悲傷，憤怒下的行動傾向有助於讓我們搜索和解釋新資訊，從而激發新的觀點。如果運用得好，即使是社會中根深蒂固的衝突，甚至也能以憤怒化解。

在巴以衝突的背景下，曾有研究者請以色列的被試者閱讀一份煽動性很強的內容，以此激發他們憤怒的情緒，然後衡量這種情緒會讓他們變得更激進還是更緩和。結果是：說不準。更高漲

的憤怒使一些人的仇恨加深，但同時會令另一些人的仇恨得到妥協和緩解。

這聽起來很奇怪：為什麼同樣的刺激會驅使人們走向兩個不同方向？原因要歸結於一個社會心理學概念——基本歸因謬誤。對方做出惹惱你的行為，究竟因為他這個人就是壞，還是當時情況所導致的呢？如果我們相信令我們憤怒的、不受歡迎的行為來自對方的內在特點，例如人格或是一個組織的道德風氣，我們便會以破壞性的、激進的方式行動，而如果認為不滿意的結果只是由當時的情境因素造成的，那麼人們則會以更緩和、更和平的方式應對。

回到前文提到的小 A 的故事，如果當時語文課戰場上的雙方都能意識到自己在火上澆油，講臺上的人未必天生氣急敗壞、愛攻擊，講臺下的人也不全然無藥可救、目中無人，那麼結局想必會大有不同吧。

高情商的人如何對待「憤怒」

我們對高情商有一個誤解，認為那些所謂情商高的人大多不喜形於色、善於隱藏自己的憤怒。但心理學家丹·莫夏維（Dan Moshavi）指出，允許自己擁抱憤怒，在適當情況下，將憤怒轉化為實現目標的動力，這樣的人也許才算真正的高情商。

毫無疑問，「會哭的孩子」能得到更多關注，憤怒的表達甚至可以讓對方感受到某種真實。相比那些從不發怒的夥伴，懂得憤怒的人

可能會得到更多的尊重，也更受歡迎。

如此說來，高情商者們一定會意識到，如何解讀憤怒也是門藝術，這種能力被稱作「認知動機」。認知動機高的人，會試圖尋找憤怒表達背後的意義，而認知動機低的人則會關注憤怒本身，可能這正是一些人寧願選擇脾氣不好的老闆的原因：當你以高認知動機對待上司的憤怒時，看到的是引發憤怒的根本原因，例如自己工作上的不足，或是溝通上的失誤，進而可以得到進步和提升。

正如亞里斯多德所說：「每個人都會發怒，這很簡單。在恰當的時間，以恰當的動機、恰當的方法，向恰當的人，表達恰當程度的憤怒，並不是每個人都能做到的易事。」

其實，對於憤怒情緒無需感到羞恥。相反，其中對於個人空間、邊界、正義的知覺，恰恰是人性中自尊與道德的生動證明。很多時候，憤怒只是我們的一種逃避方法，以逃避其他更深刻、更脆弱的感情，例如悲傷、羞恥。當憤怒被有意識地處理、審視的時候，可以將我們指向那些真正的問題，告訴我們，自己究竟在意什麼，甚至自己真實的模樣究竟是什麼樣。

所以，事情很簡單：要嘛觀察、了解你的憤怒，要嘛受制於它。

電影《憤怒之上》中，泰瑞的女兒這樣講道：「我現在知道，憤怒和憎惡讓你在原有軌跡上停下來。它並不需要什麼燃料，僅是把空氣和生活吞噬、浸沒……但它是真實的。它會改變你、塑造你，把你打造成不同於原本的樣子。」

是的，憤怒有這種力量，但控制它駛向哪裡的方向盤在你手上。

強迫解釋：當解釋無用，傾聽也許更有效

你是否有過這樣的經歷，跟一個人解釋某個問題，你明明已經講得完美無瑕、細緻入微，但對方偏偏就聽不明白。「我壓根不是這個意思，他怎麼能那麼想？」

你是否也有這樣的經歷，發生一件事情後，你明明很清楚問題出在哪，但責任人偏偏要拚命跟你解釋。你越是說「不用解釋了，我不想聽」，對方越著急，「你聽我解釋，不是你想像的那樣」。

美國小說家大衛・福斯特・華萊士（David Foster Wallace）曾造出一個詞 ——「Ambiguphobia」（非解釋不可），剛好用來形容上述兩個場景中出現的情況。

這是溝通中的常見現象：一方越不想聽，另一方越容易出現「非解釋不可」的衝動。事實證明，這種解釋多數情況下是無效的，甚至導致結果進一步惡化。一個很重要的原因就在於，當我們在解釋時，並沒有意識到自己為何解釋。

當「非解釋不可」的情況發生時，解釋者往往會拚命努力告訴他們「我到底是怎麼想的」「真實的情況是什麼」，以及苦思冥想「我要怎麼講他們才能夠明白」。此時解釋者往往沒有意識到，自己真正關注的，也許已經不再是解釋的內容。

拚命解釋的人，到底想得到什麼

羅奈納德・阿德勒（Ronald Adler）和拉塞爾・普羅科特（Russell Proctor）在《溝通的藝術》一書中提到，溝通分為「內容向度」和「關係向度」兩方面。當我們帶著「非解釋不可」的心情拚命解釋，我們在乎的便不再是「我到底說了什麼內容」，而是「我說的這段話將會如何影響這段關係」。

比如，下面這五種關係問題，就是觸發「非解釋不可」的常見心理動機：

1. 特別希望別人喜歡自己。

我們剛剛開始和一個人接觸時，特別希望對方可以喜歡上自己，但與此同時又擔心不被對方注意，此時如果不小心做了什麼不合時宜的事情，一種強烈的「非解釋不可」的心情就會突然間湧上來。

其實，每個人都是多面的，在與人溝通時，我們會下意識地針對不同的人展示自己的不同側面，這在心理學中被稱為「認同管理」。當我們想要快速獲取對方的認可時，就會更多地採用解釋的方式來把自己塑造成希望對方看到的模樣，一旦認同管理失敗，便很容易陷入「非解釋不可」的心情中。

2. 想逃避對方命中要害的批評。

當我們被別人批評，尤其是遭到自己內心承認，但在情感上一時無法接受、不敢面對的命中要害的批評時，出於維護面子的需要，我們往往會切換到防備狀態，而解釋就成為防備的最好方式。

有時我們會採用合理化的方式，為那些自己不能接受的資訊找到另外一種解釋，比如「我真的很想幫你搶票，但我實在是太忙了」。或者，我們會採用「退行」的方式，用「不行」來代替「不要」——「真的是因為我不會做，我完全不知道從何下手」。

3. 想獲取自信心，確認自己的「正確」。

很多人在需要解釋自己時，出於某些原因，比如不擅表達、沒有梳理清楚等，只能給出一個尷尬的解釋，這會讓我們覺得自己很沒用。與此同時，當對方給出不理解的回饋，我們會更加受挫，從而想方設法把自己剛才的解釋說通，讓對方接收到自己想表達的意思。此時對我們來說，想傳達的意思也許已經不再重要，我們更在意的是通過解釋重新獲取自信，重新讓自己相信「我的想法是對的」。所以，當我們終於解釋清楚，對方也給出積極、理解的回饋時，我們會得到一種難以置信的解放。

4. 想跟對方建立更加親密開放的關係。

有時我們越是關心某人，就越想跟他分享自己的經歷。我們會努力跟他解釋清楚每一件事，解釋清楚自己的意圖，目的是讓對方更了解我們，以加強彼此關係的深度和真實性。在這種情況下，我們可能不太在意讓他按照我們的方式看問題。不管對方是否同意我們的做法，是否想聽我們解釋，我們都默認是支持自己的。我們做解釋也不是為了說服或操縱，而是出於尊重，希望讓對方更好地了解我們，以推進彼此的關係。

5. 想避免否認和誤解。

渴望獲得理解、被接受本就是人類的天性。但在我們努力追

求被理解的感受時，可能會很擔心對方產生與自己不同的想法。於是我們可能會極力避免那些可能出現誤解的描述，反之盡可能詳細地提供能支撐自己觀點的描述。

現在不妨回憶一下，當我們努力為一件事做解釋時，內心真正期望的到底是什麼。

經常拚命解釋，會造成什麼壞影響

經常用力解釋，可能也會給我們帶來一些困擾和麻煩。

1. 解釋過多會讓你感到心累，甚至忘記自己的真實感受。

在管理自我形象這件事上，每個人做到的程度是不一樣的。有些人會更多地注意到自身行為和反應，並及時根據需要調整溝通方式，在合適的時候提供適宜的解釋。

這種策略往往可以給我們帶來更多的認可，但與此同時，也消耗著巨大的精力。更嚴重的是，我們需要不斷根據場景來切換自己的角色，並且根據角色給出相應的解釋，這很可能讓我們漸漸忘記，什麼才是內心最為真實的感受。

2. 解釋可能會成為自我欺騙的工具和攻擊別人的利器。

正如前文所言，許多時候我們會產生「非解釋不可」的心情，是因為感覺傷了面子，想用解釋來挽回。此時的我們處在憤怒和懊惱中，講出來的解釋往往具有攻擊性，會毀掉我們與他人的溝通。

更重要的是，很多時候，只有當我們真正被戳到痛處，才會選擇解釋。此時，不管我們的解釋聽起來多麼合理，本質都是一

種自我欺騙，讓我們遠離客觀和真實。

如何避免無用的解釋

說到底，解釋仍然是一種溝通方式。與其糾結為何解釋不生效，不如思考一下你是否選對了溝通方式。

1. 溝通是兩個人的事，傾聽時常比解釋更有效。

傾聽是一個老生常談的話題了。當深陷於「非解釋不可」的心態時，我們往往會覺得是自己的言語表達不夠清楚，不夠能言善道，無法使對方理解自己的真實意思。

其實不然，真正有效的溝通不僅包含了表達，也包含傾聽。每個人都是傳遞者和接受者。真正良好的溝通並不是我們「對」別人做了什麼，而是我們「跟」別人做了什麼。所以，下次再陷入「非解釋不可」的衝動時，不妨試一試轉換思路，用更多的精力來聽聽別人怎麼說，也許問題就緩和了。

2. 面對他人的攻擊，除了解釋我們還可以做這一些具體的事。

當我們遇到他人的批評和攻擊時，可以採取以下方式來進行溝通：

首先，詢問一下事情的詳情。比如，對方說「你真的太摳門了」，先忍住想解釋的衝動，耐心地問一下「我的哪些做法讓你有這樣的感覺」。這樣，至少能逐步聚焦在真正的問題上進行溝通。

其次，嘗試認同批評者的一些看法。很多人拚命解釋自己，是因為不知道怎麼面對對方的怒火，而此時認同可能是一種有效的策略。我們可以選擇同意對方提到的事實，也可以認可對方真

實的感覺，這會讓雙方更少地進入到防備的狀態中。

3. 分享自己的感受，可能會讓你們的溝通更加深入。

當我們發現無論如何去解釋都於事無補時，分享自己真實的感受也許有助於讓溝通進入更深入的階段。不過，我們時常會混淆「表達感受」和「進行解釋」這兩種行為。例如，「我覺得你是錯的」依然是一種解釋，而不是客觀陳述自己的感覺。

正確的方式是：描述客觀的行為 ＋ 做出自己的解釋 ＋ 表達自己的感受。比如，「當你嘲笑我時，我想你發現了我的說法很愚蠢，我感到很尷尬」。

最後，還有一點希望大家明白，很多時候，不管怎麼解釋，對方都不可能完全懂得我們的想法。

心理學家的實驗表明，人與人之間的溝通存在著一種「透明度錯覺」。在一個「聽節奏、猜歌名」的實驗中，打節拍的人覺得自己的節奏打得特別清楚，隨便誰都能猜出歌名，但實驗的結果偏偏打了臉，真正猜對歌名的人極少。現實中之所以會出現「非解釋不可」的情況，還有一個原因在於，太多人都相信「只要我解釋得夠清楚，對方一定可以理解」，但事實真的不是這樣的。

每個人的喜好、價值觀都在不斷變化，人生經歷存在差異，不同的人對一件事的理解必定有差別，而兩個人要真正互相理解又需要很多時間。所以，請給彼此更多的耐心吧。

規勸套路：「道理我都懂」背後的心理遊戲

　　小良經常把朋友小 C 當作身邊的「情感博主」，並找她諮詢了很多情感問題：

> 小良：我最近總和男朋友吵架，到底該怎麼辦啊？
>
> 小 C：你們試著溝通一下，看看原因是什麼。
>
> 小良：是……但是他生氣的時候根本沒法交流啊。
>
> 小 C：那你就給他發訊息說說？
>
> 小良：我也試過，但是他不回。
>
> 小 C：那要不就先冷靜一下，等過段時間再聊。
>
> 小良：你說得對……但是，我控制不住想找他啊！
>
> 小 C 接著又提了幾個建議，都被小良否決，於是兩人陷入一陣尷尬的沉默。
>
> 最後小良生氣地說：「算了！你這種單身狗不會理解我的。」

　　你在生活中有沒有過這種體驗？有時候別人遇到了難題，很沮喪，向你訴苦求助，你試圖給予建議和幫助，但對方會一直找理由回絕：「是，你說的很對，但是……」

　　類似這樣的人際互動還有很多，如果你與他人的交往總是在一種不愉快的感受下結束，且反覆發生，那麼你可能被套路了。

用心理學的話說，你們兩人都在玩一種「心理遊戲」。

什麼是心理遊戲

心理遊戲是美國心理學家艾瑞克·伯恩（Eric Berne）提出的一種人際間的溝通模式。它是指兩個人在相處時進行一連串交流溝通，但包含許多雙重的、曖昧的資訊，而且這些資訊導向了一些可以預期的結局。

以下是心理遊戲的一些典型特點：

- 遊戲是重複發生的。
- 遊戲是無意識的，不在成人的自我覺察範圍之內。
- 參與遊戲的人之間會有隱藏的溝通。
- 遊戲導向的是一種可預期的結果。

艾瑞克·伯恩在《人間遊戲》一書中，介紹了多達 36 種心理遊戲，其中有很多都是伴侶之間、夫妻之間、親子之間常常出現的衝突情景。也許下次在感歎「為什麼我總遇到 這類事情」「我以為這次 / 這個人會不一樣，但為什麼又……」的時候，可以問自己一個問題：「我是不是在玩心理遊戲？」

心理遊戲是怎麼發生的

心理遊戲分為很多類型，往往成對出現。在前面的例子中，

提出建議的小 C 在玩「你為什麼不⋯⋯」，而陳述困惑的小良在玩「你說的對，但是⋯⋯」。在小良向小 C 尋求建議的整個過程中，她倆就玩了「你為什麼不⋯⋯你說的對，但是⋯⋯」這個遊戲。

伯恩認為，心理遊戲通常會經歷六個主要階段：

誘餌 → 獵物 → 反應 → 轉換 → 混亂 → 代價

小良說「我遇到了麻煩，請你幫助我」時，隱藏的誘餌就出現了，即「雖然我讓你幫我出主意，但我不會接受」。面對朋友的求助，小 C 腦中的資訊是「當別人遇到不幸的時候，要出手幫助」，於是小 C 成為獵物上鉤了。

小良給小 C 敘述了很多她和男朋友的情況，小 C 的反應是積極為她提供建議。每次提出建議之後，小良便以「你說得對，但是⋯⋯」來拒絕。幾個回合之後，她認為小 C 的建議無用，罵小 C 是單身狗，兩人的身分發生了轉換。

接著是不歡而散的混亂狀態，而心理遊戲的代價就是扭曲的感覺。小良感覺很差：「說好要幫忙，結果什麼也幫不上！」小 C 也很挫敗沮喪，感到自己的價值被貶低了。

心理遊戲中的角色轉換

身分轉換是遊戲中的重要部分，在此階段，兩個人在互動中角色發生了改變。美國心理學家史蒂芬·卡普曼（Stephen Karpman）認為，在心理遊戲中，通常有以下三種角色：

1. 迫害者：貶低別人，把別人看得低下。

2. 受害者：認為自己低下、不好，有時會尋求迫害者來貶抑自己，或尋找拯救者提供幫助，認定「我無法靠自己處理」。

3. 拯救者：同樣傾向於貶低他人，但是會從較高位置提供幫助，拯救者相信「我必須幫助別人，因為他們不夠好，無法幫助自己」。

這三種角色的互動被稱為「戲劇三角形」。

在小良與小 C 的互動中，小良一開始處於受害者的地位，向小 C 尋求幫助，而小 C 是拯救者。但當小良生氣時，兩人的身分轉變了：她成為迫害者，小 C 則感到受挫、無力，變成了受害者。

這種角色轉換的情況很頻發，舉幾個例子：

● 受害者變為迫害者：他人犯了錯，你憤怒地去興師問罪，但幾個回合爭執下來，反倒成了自己的錯，還要給對方道歉。

● 迫害者變為拯救者：你因為遵從了他人的建議而變得更挫敗，然後在你沮喪的時候，對方又給你充足的鼓勵和安慰。

真實生活中，每個人都扮演著多重角色，你是否能想出其他情境呢？

玩心理遊戲有哪些壞處

我們可能會與生活中的每一個人玩心理遊戲。根據關係的遠近，遊戲的程度也有所不同。對於較為親密的人，如伴侶、父母、子女，心理遊戲的頻率和程度都較高。程度較輕的心理遊戲也許只會造成一點彆扭的感覺，但嚴重的心理遊戲可能會導致生命中

的重大改變，比如分手、離職、朋友斷交，甚至生理傷害。最重要的是，陷入心理遊戲之後，每一個人在其中都是非真我的，處於「自動巡航模式」。

真我的意思是活在此時此刻，參與當下的交流，也就是和他人進行真誠的互動，無論是開心、感動，或是憤怒、悲傷，都去直面這些情緒，並且坦誠地表達給對方。而非真我的狀態，就像是飛機起飛後，駕駛員設置自動巡航，飛機可以根據以往的飛行模式記錄、對當下情況的監測，保持正常運行。這時候駕駛員可以游離開去做別的事情。心理遊戲就是生活中的自動巡航模式。遊戲中的每個人都在根據以往的行為、思維模式做出對應的反應。

例如，小良在訴說苦惱的時候，可能並沒有在聽小 C 的建議，只是機械地拒絕。而小 C 在上鉤之後，雖然把自己放到了助人者的位置，但也沒有真心地共情小 C 的感受，只是迫使自己不停地提出建議。

最後，心理遊戲的代價就是，所有人都以很不好的體驗結束交流，大家都覺得莫名其妙，並且都想去責怪別人。

如何跳出心理遊戲的怪圈

生活中的很多事情其實並沒有真正的解決辦法，單是意識到這個問題，就已經是很困難的一步了。也許在獲知心理遊戲這個概念之後，我們可以帶著這種覺知審視自己的行為，在與他人的關係中才能跳出心理遊戲的套路。比如， 當他人說「道理我都懂，但是……」

的時候，你就要警惕，對方是否在玩心理遊戲了，這時不妨試著感受自己和對方的真實需要。比如，先弄清楚對方需要的到底是什麼？也許他只是想要朋友的陪伴、找個人聽自己說話，也可能是真的想要實際的建議。闡明需求是擺脫心理遊戲的有力手段。

另外，心理遊戲並非輸贏分明的對抗遊戲，如果有人跟你玩心理遊戲，那麼他可能是不願或不能去直接面對你，才採用了迂迴戰術。因此，處理心理遊戲最好的方法就是跳出來超越整個遊戲，而不是在遊戲中打敗對方。所以，不妨直接把事實公開說出來，直接告訴對方：「我對於心理遊戲沒興趣，如果你想進行一場成熟的、坦誠的對話，我將非常願意和你交流。」

其實，他人在徵求你的建議時，也許早就做了決定，只是想從你口中聽到自己滿意的答案，為自己的選擇增加一個驅動力。就像用拋硬幣來做決定一樣，當硬幣拋出時，心裡的答案就自然出現了。

所以，不如我們放下心理遊戲的套路，進行最真實的交流。

同理心耗竭：關心也需要適可而止

用「耗竭」造一個短語，你能想出哪些？ 資源耗竭、能量耗竭、精力耗竭……神奇的是，在我們關心別人，給別人提供幫助時，這份「關懷」之心也是會耗竭的，這在心理學中，有一個專門的解釋，叫作「同理心耗竭」。

同理心也會被耗竭？當然，就像職場、學習中經常遭遇的倦怠一樣，人們在助人時，也會陷入同理心耗盡的泥沼，甚至會最終影響到自己的身心健康。

艾莉森·貝辛傑（Allison Basinger）是美國堪薩斯「安全之家」的一名員工，這是一家為遭受過家庭暴力的青年人提供幫助的公益機構。這一天，艾莉森接待了一位中學生，她的身上發生過可怕的虐待故事，因而向艾莉森求助。同往常一樣，艾莉森竭盡所能地為她提供了幫助，回到自己的辦公室時，已經累成了一灘爛泥。她隨意地躺到地板上，就好像剛剛跑完了一場馬拉松一樣，甚至更累。艾莉森躺在那裡，回想著當天發生的事情，然後陷入了情緒的掙扎，就如同她所幫助的那些人一樣。

這是不是很像某個時刻的你？ 不論你是一個專業的助人者，還是某個人的朋友、伴侶，當你對那些遭受過痛苦的人敞開心扉，獻出自己的同理心時，你也會被捲入對方的苦難與情緒中，很可能沒有辦法全身而退。

同理心耗盡的現象不是個例，它更普遍地出現在以下的工作群體中：心理諮詢師、醫生、員警、消防員、醫院護工、社會工作者等。普通人遇到危險或遭受苦難時，會逃避、會求助，而這些人卻迎難而上，與困難或災難做正面對抗。助人者為那些受傷的人提供幫助，打開自己的同理心，提供各種新的情感聯結，比如依賴、支持和信任。但助人者自己卻可能在這種聯結的壓力下，逐漸枯萎、耗竭。典型的情況是，專業的助人者因為目睹了太多的災難、創傷等，可能發展出睡眠問題，以及因壓力導致的生理疾病，如濫用酒精等。

　　艾莉森所遭受的傷害遠不止前面所說的同理心耗竭，最糟糕的是，在目睹了各式各樣的創傷後，她發現自己無法將目睹過的傷痛與自己的生活分離開來。他人的痛苦跟隨著這些助人者回到了家裡。比如，艾莉森和自己的朋友出門聚餐，結果隔壁桌的一對夫妻爭吵了起來，這些吵鬧喚起了艾莉森工作中的記憶——那些飽受來自父母、男女朋友言語和肢體虐待的中學生們的經歷。這一切都讓她無法專注於與朋友吃飯和交談。

　　不只是艾莉森一個人有這樣巨大的壓力。美國的一項調查顯示，每年有 30%～60% 在防治兒童虐待等重要問題部門工作的社會工作者離職。這其中很大一部分原因就是同理心耗竭帶來的精神壓力和二次創傷。

如何解決同理心的耗竭

　　這個問題對那些專業的助人者尤其重要，但也可以供普通人

參考。在給出答案之前，我們需要厘清三個概念：情緒傳染、同理心和共情。

還記得在社交網路上那幾個關於「笑的傳染」的視頻嗎？在一列車廂裡，一個人開始大笑後，其他人即使不知道發生了什麼，也會逐漸跟著笑起來。痛苦、悲傷的情緒也是如此，會傳染。

神經科學家塔尼亞・辛格（Tania Singer）的研究認為，在處理別人的情緒時，我們的很多行為都是無意識的，是傳染性的，比如發笑。當一個人在以極強的同理心面對你時，他會全然地感受你的情緒，理解你的處境，站在你的角度去想問題——就如同另一個你。共情則不同。共情的核心是對一個人的遭遇和感受表示同情和憐憫，但這種同情完全是從你的角度出發，並不過度介入。

比如說，同理心就是「穿上『對方的』鞋子」，感受他的感受，將自己置身其中。你不是口頭上為對方難過，而是真心實意地和他一起痛苦。共情則是你並未發自內心地和他一起痛苦，但依然告訴他：「哦，天哪，對不起，發生這樣的事情，我真為你難過。」

辛格的研究還發現，如果你是一個同理心極強的人，那麼，當別人向你訴說他的痛苦與困難時，你會感到痛苦和疲倦，同時你們兩人大腦內部的神經活動區域是非常相似的。也就是，你們幾乎感受到了等同的痛苦。

「但是，太多的同理心會導致一些反社會行為。」辛格說。一些專業機構的助人者，因為長期面對那些受過傷害的人，會痛苦、憂慮、精力耗竭，最極端的甚至會自殺。要如何解決這個問題

呢？辛格的建議是：將你的同理心轉化為共情。

這又是為什麼呢？

但實際情況是，對於那些同理心極強的助人者，或者常常與受害者主動接觸、打交道的人而言，退回到共情的範圍內是非常困難的 —— 因為很多時候他們身不由己。而對於那些真心想幫助別人的人而言，停留在共情的階段也似乎遠遠不夠，略顯冷漠。

那麼，為什麼共情會更有效呢？辛格為此做了這樣一個實驗。她給一群善於冥想、以同情和憐憫著稱的僧侶觀看了別人受虐的錄影，然後掃描觀察他們的腦部活動。結果發現，同那些被激起同理心和痛苦感的人們相反，僧侶大腦中負責關心、養育和積極社會聯繫的部分被啟動了，然後，他們便能更好地去幫助他人。

受實驗的啟發，辛格和她所在的機構開始使用一些訓練技術，幫助降低、甚至轉移助人者大腦中容易觸發消極情緒與反應的區域活動，把他們從同理心的地盤拉到共情心的地盤上，幫助那些專業的助人者面對壓力，避免耗竭。對於普通人而言，你需要做的是有意識地訓練自己，去共情，但不要被那些情緒吞噬。

同理心的耗竭與關係的邊界

談到同理心的耗竭，就不得不談論另一個話題——關係的邊界。

如果你接受過心理諮詢，應該知道心理諮詢中的一些設置。比如，與諮詢師每週以固定的時間和頻率見面，一週一次或者兩次，每次有一個限定的時間—— 通常是 50 分鐘。時間一到，諮詢

結束，你就得離開。你可能很疑惑這是為什麼。這就是設置的一部分，設置用來保護雙方能夠安全地工作下去，不被耗竭。

這句話的意思是：當諮詢師和來訪者進行諮詢時，諮詢師是在幫助來訪者處理問題。然而，即使心理諮詢師是專業付出同理心和耐心的人，也仍然只是普通人。諮詢師只能在一個限定的時間段內、專業的設置下（包括擁有自己的督導和同伴支持）有效地付出努力。如果這個時間是沒有限制的，那麼諮詢師就可能會精力耗竭，即便諮詢師想更好地幫助來訪者，實際上也力不從心。在心理諮詢師專業倫理中，也強調諮詢師應懂得自己的侷限，否則可能出於好心卻傷害到來訪者。

時間的設置是一種保護機制。它設置了關係的邊界，幫助諮詢師維持自己的能力和狀態不被損害。而人們對於「邊界」的情感反應和行為，也能夠為諮詢關係提供更多的治療材料。

舉一個更接近生活的例子。你有沒有遇到過這樣的情況：某位朋友遇到了困難與委屈，跑來找你傾訴。你耐心地傾聽，試圖為他排憂解難。然後發現，他在這件事上一直反覆糾纏。從白天到黑夜，他一直找你哭訴。最終，你忍無可忍地崩潰了：「我沒法什麼事情都幫助你啊？你應該儘快從這件事情抽身啊。」然後，你可能又會生出一絲小小的愧疚：「他是我的朋友，我怎麼能不幫助他呢？」

但其實，這個時候你最不需要做的就是自責。因為這並不是你的錯。此時，你正處於一種同理心耗盡的狀態中。更重要的是，朋友沒完沒了地求助，已經越過了邊界。就如同心理諮詢中的種

種設置一樣，即使是普通人，也需要關注邊界的問題。朋友不斷地求助，你不斷地提供幫助，甚至耗盡自己。仔細想想，這真的是對的嗎？

在所有的人際關係中，我們都應該明確邊界的存在，哪怕是朋友。沒有人是上帝，可以一直無止境地幫助另外一個人。而有效的邊界，則能明確規範我們各自的責任，甚至讓對方得到更好的現實回饋，有更好的成長動力，讓彼此的關係更健康。

所以，下一次再遇到不停地向你訴苦或者不斷提出各種「請求」的朋友，你真正需要做的是：承認自己的侷限，並告知朋友你的界限在哪裡。比如，「我很希望更多地幫助你，但是今天時間太晚，我需要睡覺了」「我想這也許超出了我的能力，我也覺得有一種深深的無力感，也許你可以聯繫一下專業的心理諮詢師，或者其他能夠給你很好的建議的人」。

習慣性撒謊：欺騙與隱藏其實都沒有必要

　　小 A 有兩張話劇票，想約好朋友小 B 一起去，小 B 雖答應了，但在開演前兩天突然說，家裡有個親戚來吃飯，她也很想看話劇可是沒時間了，下次一定一起出去玩。

　　小 A 一開始覺得沒什麼，畢竟突發狀況是難以避免的。

　　結果當小 A 看完話劇，刷到朋友圈，才發現小 B 根本沒在家裡，而是跟另外的朋友共度週末去了。小 A 的手指在那個點讚愛心上猶豫了一下，最後並沒有按下去。

　　小 A 有點失落：「就當什麼都沒看到吧，只是，有些時候，我的朋友為什麼不把自己真實的想法說出來呢？」

　　一些科學家研究提出過令人震驚的結論：欺騙是人類的本能。我們總會出於各種目的，編造出各種謊言，不自覺地撒謊，隱藏自己的感受。

我知道，你想要保護自己

　　撒謊，從字面意思上來看，就是隱藏事實的另一種說辭。

　　為什麼不把事實說出來呢？ 因為擔心說出真心話之後反而會有不好的結果。精神分析理論提出的心理防禦機制中，有一種作用非常強烈的機制叫作反向形成。當個體知覺到自己的欲

望和動機並不為自己的意識或社會所認可和接受時，便不會按照內心的想法去做，而是將其壓抑至潛意識層面，並以相反的行為表現出來。

就像一對情侶，女生因為男生與其他異性太過親密而感到不開心，想問問究竟怎麼回事，可又擔心「我這麼做是不是顯得自己太小氣」，於是反而故作大度，表現出一副無所謂的態度，強制壓抑自己真實的情緒。

為了讓自己不致顯得「小氣」「計較」，女生隱瞞了自己的真實情感。可這樣的隱瞞也許未必能解決問題，因為女生對於男生的不滿仍然存在，只是暫時壓抑而已。假如今後真的因為這件事爆發矛盾，女孩心裡的不滿就會像隱形炸彈一樣，讓她沒有準備地突然爆發，甚至更加痛苦。

反向形成的自我防禦機制如果使用得當，可以幫助人更好地適應環境，但如果過度使用，以致忽視自己真實的想法，雖然短期內可以避免表面上的麻煩，但實際上問題只是被「拖延」了，並沒有真正得到解決。

就像撒謊，短期內確實維持了融洽的狀態，但從來不能真正解決我們的問題。

也許，你只是想建立更好的自我形象

再說回之前提過的那對情侶，你有沒有想過，那個女孩為什麼不希望被認為是善妒的呢？

因為她在避免這個善妒的社會印象。總有一種眼光在注視著女性，一旦她的社會印象（或者個人形象）與善妒掛鉤，就會被迫套上更多負面標籤，彷彿因此變得尖酸刻薄、斤斤計較。

不只是對於女性群體，社會印象造成的類似傷害還有很多。為什麼借錢容易讓人不好意思？因為這種舉動，可能會讓一個人的社會印象被貼上「無能」的標籤。

每個人都希望自己能更聰明、更健康、更美麗、更年輕、更富有……至少，可以讓自己的社會印象更接近這些特徵。然而在通過別的方式塑出一個更理想的自我的同時，世界上只有我知道的那個真正的「我」卻被否定了。這種美化自我的實質，可能反而是對真實自我的厭棄。

你可能只是想要照顧他人的感受

為了達到這個目的，其實不只是你，太多人都會選擇說「善意的謊言」。

比如同事新買了件很醜的衣服，興高采烈地問你，「我這件衣服好看吧」，又比如一個朋友要去進行一次註定失敗的嘗試，問「你覺得我能應付嗎」，你只有兩個選擇：實話實說，或者給對方一個善意的謊言。然而，說話最真實直接的人，未必會有最好的效果。

魯迅曾寫道，去祝賀新生兒的時候，對著嬰兒說這孩子會有多大成就的都是在扯謊，只有說「這孩子以後是會死的」那個人

說了實話。當然，也只有那個人會被打。當脫口而出的真實是對別人的傷害時，不如不說。反過來，撒謊很多時候是能解決問題的，甚至已經成了某種「禮節」。

「新開的那家餐館聽說不錯，我想去吃。」「哦，我也聽說啦，去試試吧。」（實際上我聽說它很糟糕。）

「你到哪裡啦？」
「出門準備搭車了。」（其實剛剛找到鑰匙。）

「我穿這褲子看起來胖嗎？」「不不，一點都不胖。」（事實你懂的……）

透過撒謊的方式，不引發和其他人之間不必要的衝突，或者達成某種目的，這是一個人成長過程中必然的經驗積累。

嬰兒時期的我們就知道假哭，哭一會兒，停一下，看看有誰走過來，再接著哭；一歲時，我們就學會了隱瞞事實；兩歲的孩子就會嚇唬人；五歲的孩子撒謊可以不打草稿，並且已經懂得透過巴結來達到目的；等到九歲，我們已經是掩蓋真相的高手。

從好的一面來看，人與人之間是有邊界的，當一個人拒絕另一個人的時候，兩個人之間的距離會變大。而一個簡單的、不傷害任何一方的謊言，則可以有效地避免這種人際關係中距離的擴大。

但另一方面，如果人與人的心理距離已經很近，卻有一方總是畏懼和另一方的衝突，那雙方的關係一定已經出問題了。所以我們會知道，當對方不得不對我們撒謊時，心裡是不高興的。對方也在害怕我們之間的關係因為他的拒絕出現裂痕，所以選擇用謊言來掩蓋。

我期待和你這樣交流

「我不害怕你的拒絕和否定，因為我知道你給我的意見都是出於好意，你的拒絕是你真的不想答應我的要求。」

「我不會因為你沒有滿足我的願望或期待而對你感到憤怒，因為我知道這樣敞開心扉的溝通才是一段放鬆、真摯的友誼的開端。」

在人際溝通中，自我認識是十分重要的，它代表著一個人擁有的思想、情感與態度的全部集結。在人際交往中，人們往往通過角色扮演反映自我認識的發展。

在任何一段關係中，如果雙方營造的不是真實的自己，而是委屈自己換來朋友，內心的委屈便會逐漸壓抑，讓這段關係很難健康地成長。所謂的塑料情誼，大概就是這樣開始的。

按照社會心理學家亞伯拉罕·馬斯洛（Abraham Maslow）的需要層次理論，人有五種基本需要，分別是生理需要、安全需要、歸屬與愛的需要、尊重的需要以及自我實現的需要。除了最基本的生理、安全需要，其他需要的滿足，首先要求人認可自己。用理想中的虛假自我作偽裝，迎合他人，而壓抑真實自我的想法，

那個被壓抑的真實自我是無法得到尊重的。

事實上，我們許多人都在人際交往中刻意地營造不符合實際的自我形象，為了獲得他人的好感而不談自己真實的感受，或許這便是痛苦的根源之一。

當發現朋友對自己撒謊時，可以嘗試著去理解朋友的感受，告訴他：「把你真實的想法告訴我吧，你並不需要透過隱瞞真相的方式讓我開心，我喜歡的那個你就是真實的你。」「雖然這樣你可能會不開心，但我還是想把我的想法告訴你。」

友誼成長史：大多數友誼都比你想像的短暫

也許你有過這樣的經歷：在春節的同學或朋友聚會上，你會見到一些人，你們努力地寒暄，盡力親切地交換彼此的近況。突然身旁有人冒出一句：「我記得你們倆當年關係可好啦。」

「對啊，我們當年可好啦。」你尷尬地笑笑，接著恍惚地想：然後呢？當年你們一起翻過學校的圍牆，暗戀過同一個校草；你們一起晨讀，一起晚自習，聽張信哲、蔡依林；你們一起升學考試，分別之後彼此互發書信短信⋯⋯然後，你們漸行漸遠了。

友誼的褪色，似乎是每個人都會經歷的，但是與浪漫的戀愛關係或糾結的家庭關係比起來，人們幾乎不怎麼重視友誼的褪色或者破滅。我們似乎並不會給予個體間的友誼過多的關注。人們通常覺得，友情這種東西，順其自然就好。而神奇的是，根據研究記錄，在心理諮詢室內眾多的故事中，人們反覆地提及友誼、和朋友的關係。好的、壞的、深刻的、惆悵的，關於友誼的故事往往關聯著人們生命中最重要或者最痛苦的時刻，有一些是關於成長與陪伴，有一些是關於背叛與傷害。現在，讓我們一起來剝去那些戲劇化衝突的外衣，來看一看友誼的進化、維持與衰退。

友誼的成長史

回望我們的成長史，你會發現，人與人成為朋友，絕大多數時候源於「空間上的親近性」。你們往往是鄰居、同學，或者加入過同一個才藝班。心理學家甚至為此專門做了研究，他們跟蹤監測了一幢兩層樓房裡的居民，發現儘管二層的居民常常需要從一樓的通道處出門或者收取信件，但他們仍然傾向於和二層的鄰居結為朋友。

的確，在同一個空間內，你們相識的可能性大大增加。但為什麼你交的朋友不是那個空間內的其他人呢？明明舞蹈班有那麼多女孩子，明明籃球隊裡還有好多個隊員，但為什麼你只和特定的幾人成了朋友？

因為在「空間的親近性」之外，你們還有更多的「共同點」和「相似性」，可能是性格上的，也可能是愛好上的。你們不僅僅能滿足彼此的社交需求，也可以互相說笑，可以結伴去吃飯散步。但是，此時你們還僅僅是一般朋友。社會學家貝弗利·費爾（Beverley Fehr）認為，將一種相識的關係轉化為真正的友誼關係，最重要的是持續增加彼此間「自我暴露」的深度與廣度。這是一個漸進的互動過程。友情關係中的兩個人需要先邁出一步，開始冒著「風險」暴露自己的小秘密，講述自己的成長史，分享自己的生活。去問問你的朋友，是否還記得當初你們開始交心的時刻，也許會有很多驚喜的記憶出現哦。

心理學認為，自我暴露是一份真正友誼的開端，也是一個小

小的探測，探測這份友誼中的另一方是否願意有所回饋。而對方是否願意回饋並轉而暴露自己，決定著這段關係能不能繼續下去。換句話說，就是倆人要「知根知底」。從空間上的親近到性格愛好上的相似，再到最終的自我暴露與回饋互動。友誼的進化隱匿於細水長流中。看似毫無章法，其實有跡可循。

友誼如何得以維持

當友誼成形後，你們需要用更多的精力來維持這段關係。關係只有通過維持才能生存。至於如何維持？當然是交流啦。奠定兩人最初友誼關係的「自我暴露」就是交流中最重要的環節。無論你們是躺在一張床上聊天，還是深夜結伴去喝酒、吃涮羊肉，持續的自我暴露與交流始終貫穿於整個友誼的發展過程中。你們經常見面或通話，一起度過有趣乃至無聊的純粹打發時間的時光。

當你們分隔在不同的城市或國家時，你們會寫郵件、通電話，路過彼此的城市時也會去拜訪。

維持友誼關係的另一個要素是：在付出與給予之間取得平衡。你需要在社會角色、喜好等方面接受並支持對方，同時保持忠誠。你可以不欣賞、不贊同對方的選擇，但在某種程度上，在諫言之外，你需要予以尊重。社會心理學家卡洛琳・薇茲（Carolyn Weisz）和麗莎・伍德（Lisa Wood）認為，在友誼中，比親密性更重要的，是對好友的「社會角色」支持，支持並尊重他的宗教信仰、愛好、性取向等。對對方而言，這種接受與支持也是相互

的，任何一種不平衡都有可能造成雙方關係的破滅。這樣的情況每一天都在發生。

友誼為何會褪色

一段友誼出現問題，原因必然是多方面的，嫉妒就是其中之一。嫉妒的出現是很正常的事情，只不過大家不想承認自己在嫉妒別人，尤其當這個人是自己的好朋友時。

嫉妒別人的人，往往只看到對方身上的優點，而忽略了缺點。但好朋友之間，本來正是因為看到了彼此的優點，包容甚至喜歡上彼此的缺點，才會相互珍視，成為朋友。所以嫉妒並不是什麼不可容忍的事情，最好的處理嫉妒的方法，就是坦誠地把這種感受表達給對方。

友情褪色的第二個重要原因是個體的成長。每個人都在成長，在不斷地改變。你的價值觀、世界觀、社會角色、身分認同都在不斷轉換。在遇到那些與你更相似、更接近的人時，你們便會建立起更穩固的關係，慢慢忽略需要費力維持關係的老朋友。

第三個原因是空間與精力的限制。對於朋友而言，空間的障礙幾乎成了友情的「頭號殺手」，和戀愛關係十分相似。此外，我們都長大了，受限於事業、家庭和種種社會因素，當年的老朋友可能實在沒有精力去維持，更何況，知心好友一兩個即可，沒什麼不妥的。

更為重要的是，我們可能忘記了共同努力去維持這份友情。

仔細想想，你是否還有幾個朋友，能有「平時偶爾聯繫，有事必能幫忙，見面必定親密」的狀態。在這種狀態之下，你們必然還保持著自我暴露、互相支持與幫助等長久以來形成的習慣。而那些不再是好友、關係疏離和淡漠的人，你不曾努力過，對方也不曾努力過。

面對逝去的友誼，可以做什麼

　　也許有些人不會特別在意朋友的去留，但也有些人不是這樣，因為那是朋友啊，是孤獨行走時佇立在背後的明燈，是整個少年乃至青年時代的陪伴，然而，在無形中，友誼就這樣消弭了。

　　面對逝去的友誼，並沒有絕對的挽回與放棄之說。首先，挽不挽回並不是你一個人的事情，正如友誼的逝去也不一定是你一個人的過錯。如果雙方不曾在這一段關係上做出努力，任其衰退，那麼也就沒必要一個人執著於挽回它。如果你們都想挽回，還記得當初你們是怎麼維持那段關係的嗎？努力再做一遍那些事情吧，那是你們的歷史和青春，你們保有著那些記憶與色彩，去重新觸發它們吧。

　　此外，如果友誼無可挽回，也不願挽回，那請記住，結束是常常發生的事情。有一個殘忍的事實：大多數友誼都比較短暫。如果在 60 歲壽宴上與你觥籌交錯的人並不是你 16 歲時遇到的那些，也並不代表你的人生沒有友情。友誼的本質是兩個人在某個特定時間的聯結。人生變幻無常，友誼也是如此。

當你認清友誼褪去的最終事實後，下面的三個小建議也許對你有幫助。

1. 學會悲傷和哀悼。

悲傷和哀悼是一種重要的告別儀式，而儀式感能幫助你更好地面對那些困難的情緒。對於一些人而言，友情的破裂與逝去帶來的傷害極大。那麼，不要對這些傷害置之不理，也不要裝作什麼事情都沒有發生，急著去找新的朋友。花一些時間回顧你和老朋友之間的記憶，在心裡面感謝他曾經陪伴你走過那段時光，花一些時間來憎恨和討厭他的離去，花一些時間來悲傷，花一些時間來從心底和他告別。

2. 結束並不代表需要抹殺過去。

和愛情一樣，友情結束了，並不代表需要將過去一筆勾銷。在那段友情裡學到的積極的經驗與感悟，那些美好的時光裡留下的美好回憶，會一直跟隨著你，成為你的寶藏。不要隨意拋棄它們。

3. 不要不留餘地。

換句通俗的話說，就是不要打自己的臉。沒人知道未來會如何。你以為的這個舊友很可能會在未來重新出現在你的生活裡，以任何你想得到或想不到的方式。因此，不要對這段關係或這位舊友惡語相向，在背後捅刀子。給兩人之間留一段屬於你們兩個的未知空間。

就像電影《墊底辣妹》中，三個閨蜜眼看著女主那麼努力複習、追求夢想，但還要擠出時間，帶著習題出來和她們一起約會唱歌。於是她們主動跟她說：「我們不和你玩了。」你看，真正

的朋友，往往不僅僅會說「我們一定要一起玩」，而且能在需要的時候給予你力量，是堅強的後盾。當你追求自己的目標時，他們也全力支援你，即使有時需要「推開」你。這種主動「拋棄朋友」，也許比「要和朋友一輩子在一起」還要難得、感人。這也是朋友熠熠發光的時刻。

正如肯尼・羅傑斯（Kenny Rogers）說過的，「You can't make old friends. You either have them or you don't．」—— 你沒辦法交到一個老朋友」「老朋友，你只能有，或者沒有。說不定將來哪天就有新的故事出現呢。」

Chapter 4 性別認知與親密關係

嘿，我想和他 / 她聊聊

第七章　性別關係和性別認知

首先，你要了解自己

　　我們常常發現，自己活在一個只有「男」或「女」的二元性別世界中，活在性別不平等、每一個人都是受害者的世界；活在「父權社會」，一個刻板印象被商業體系不斷強化的世界……但如今，這樣的世界已出現了裂縫。

　　在本章中，我們將聚焦一些新湧現的話題，如跨性別者、性別光譜，和一些長久以來一直探討的話題，如職場歧視、性別不平等、性欲等，來談談古老、新鮮、複雜又模糊的「性別」。

職場女性歧視：她的話一直被無視，直到他「父述」了一遍

一位天文學教授發推特說，她的朋友創造了一個新詞「hepeated」，我們將其譯成「父述」。

「hepeat」把男性「he」和重複「repeat」兩個片語合起來，意思大概是：一位女性在工作中說的話、提到的觀點被無視、貶低，但同樣的話被另一位男性重複一遍之後，就受到了重視和讚賞。與這個詞差不多的還有「mansplaning（男性說教）」——男性「man」加解釋「explaining」，指男性用一種居高臨下的優越態度，給女性解釋一些她們已經完全懂得的概念。

在工作場所中，女性遭受的「微小歧視」隨處可見，它們以微妙的形式普遍存在著，女性甚至意識不到她們的付出被他人據為己有。電影《欲望城市》中，米蘭達的老闆就是職場中典型的性別歧視者。他直接把米蘭達負責的專案轉給別的同事，絲毫不顧及她的意見和感受。米蘭達忍無可忍，當面表示了不滿和抗議，但最終仍是透過辭職來反抗。

格外明顯的「隱形優勢」

事實上，大多數人都不會了解不平等的感受，直到他們親自體

驗到差異。一位名為馬汀的男性在推特上描述了自己的真實經歷。

　　馬汀公司的老闆跟他抱怨同事妮可工作效率太低，說她每次和客戶溝通都要花費很長的時間。馬汀覺得自己工作經驗更豐富，於是就主動申請接管了妮可正在負責的專案。但是在接手之後，他發現，是客戶非常不合作。「他（客戶）對待我的態度簡直令人難以置信，粗魯、不屑一顧，總無視我提出的問題！」馬汀抱怨自己遭到了極其惡劣的對待。一週之後，他終於發現了問題所在：他在和客戶的郵件往來中，一直在用原來妮可的簽名。也就是說，他是以妮可的落款和身分在和客戶溝通。

　　在他更換了簽名檔並向客戶解釋清楚這個誤會之後，客戶的態度出現了 180 度大反轉，不僅非常高效地回覆馬汀的郵件，而且還十分配合。馬汀恍然大悟，客戶一直挑刺，不是針對他的工作，而是針對他的身分──「女性員工妮可」。於是，他和妮可計畫進行一項為期兩週的試驗：他們互換了簽名檔，使用對方的身分在工作中溝通。結果，馬汀經歷了地獄般的兩週，而妮可卻在工作中體驗到了前所未有的順暢，專案都很高效地完成了。馬汀意識到，他與同事的差異並不源於工作經驗，而只是男性名字這樣一個「隱形的優勢」。

　　2012 年的一項研究發現，在申請大學時，簡歷上的名字明顯為男性申請者的通過比例要明顯高於女性，即使兩份簡歷是完全相同的，唯一的變化只有名字。並且，女性求職者的工資也要比同崗位男性低 13%。

　　無論是大量的社會調查、研究，還是每個人的切身體會，都

在說明性別不平等的存在。但意識到這些不平等之後，我們又做了
什麼呢？

男權社會下，女性面臨的是什麼

我是個女性主義者，但在上個月約仲介看房的時候，還是下意
識地猶豫，要不要帶個男性朋友陪我一起去，不然我一個女生恐怕
會受欺負。

這使我意識到，長期處於男權社會，已經在很深的層次上影響
了我的觀念。我們常常看到旅遊攻略上寫著「不建議女生獨行，最
好有男性陪同」，在談判場合，好像和男性一起會降低上當受騙的
概率。公司裡的女性同事也表示，曾在申請退貨、要求維修、諮詢
客服卻溝通無果時無奈地求助身邊的男性，他們在用嚴厲的口吻溝
通之後，問題立刻得到了解決，這樣的經歷不止一次。

一位女同事跟我說：「每次遇到問題，當我無論怎麼溝通，對
方都不讓步，而我男朋友一句話就搞定的時候，我都覺得特別難
受。我們說的句子甚至都完全一樣，他只是用男性聲音再說一遍。
這導致我現在甚至完全不想自己去解決問題，有什麼事都直接讓他
來，我覺得自己很悲哀。」女性為了安全地生存下去，從開始的沉
默、忍耐到適應、放棄爭取，最後將自己融入了男性書寫規則的社
會，成了男權的捍衛者。

於是，我們時時聽到來自男人和女人的規勸：「女孩子就要文
靜一些，別說那麼多話」「女孩讀那麼多書有什麼用，找個好人嫁

了才是正經事」「女人得懂得示弱，那麼強勢誰敢娶你」「女人一定要生孩子，不然人生不完整」。

而還懷著一絲希望想要爭取的女性，就像獨自在寒夜裡行走的人，疲倦、沮喪。此時任何一點溫和的規勸，「善意」的保護，都像閃閃發光的霓虹燈一樣吸引著她們：「外面太危險，聽我的話，做到這些，就不用受罪了。」

但霓虹燈終究不是火，往往靠過去之後才發現，閃耀的地方未必溫暖。

性別不平等，男性也是受害者

在男權文化中，女性並不是唯一被歧視的物件。

我在地鐵上曾聽到兩個女生的對話，一個說：「好煩，最近都沒有男生追我……」另一個說：「欸？我看××不是在追你嗎？」「××嗎？『魯蛇』又不是人。」

性別不平等會傷害每一個人。為了維護男權社會，男性也犧牲掉了很多權利，他們不被允許哭泣，流露細膩的情感，他們甚至被迫使用暴力，只是為了讓自己看起來「爺兒們點」。當女性被限制進入後廚、工地等男性主導的職場領域時，男性在試圖做一名幼教、護士時，也同樣面臨著歧視和嘲諷。難道男性就一定要隱藏起溫柔細膩，「理所應當」地承擔更粗糙、繁重的工作嗎？

一直以來，我們好像別無選擇，被逼迫著成為「男人」或「女人」。我的大學室友是個敢闖敢拚的女生，她一個人在上海工

作，卻在年夜飯桌上直接被父母通知：「過了年辭職回老家，工作已經給妳安排好了。」她有個弟弟，從小就希望找個穩定的工作，過平穩的生活，但因為是個男孩子，家裡人就一直逼著他「出去闖闖」。姐弟倆相互羨慕，誰也不好受。只是因為各自的性別，而被要求應該做什麼，活成什麼樣子，這也許是我們最不想看到卻也最普遍的集體悲劇。

　　願我們在成為男人或女人之前，能先成為自己。

「男性凝視」之下：交出了身體的女孩

一個女孩說，有一次她站在講臺上發言，向坐在第一排的男同學提了個問題。結果那位男同學愣一愣，看了一眼黑板，又看了看她，用很篤定的語氣說：「我沒有在聽妳說什麼，我剛剛就在看妳的腿了。」後排的同學們輕快又曖昧地笑起來。

不知道他出於什麼目的說這樣的話，是為了化解尷尬、顯示自己的幽默，還是出於其他什麼目的，也不知道別的女性在這種場合遇到這樣的情況會是什麼心情，但當時站在臺上的女孩只有一個感覺——她在被「觀看」。

這有什麼不妥呢？沒什麼不妥。一邊的教授不會覺得不妥，身後的同學不會覺得不妥，被說的女同學可能也沒有覺得不妥，甚至可能還覺得受到了恭維。

公開談論女性的外表、表達對女性外表的欣賞是最安全的話題，起碼比強行回答自己沒有認真聽的問題更安全。

女性永遠在被觀看，而觀看女性的，是男性凝視。

何為男性凝視

男性凝視是指，在父權社會中，女性被置於被觀看者的位置，被物化為性物品、被欣賞、被使用、被塑造成符合父權社會希冀

的，具有「女性氣息」的第二性。男性凝視的主體不完全是男性。

凝視著女性的，是借著異性戀男性視角去定義女性、被普遍認同的價值觀。這樣的價值觀對女性的外表賦予了過高的價值，同時還試圖教導每一個女孩去認同這個價值。

女性的身體有一個「完美」的版本，它出現在各種各樣的商品廣告裡，用來賣所有東西。影視劇裡的男人有各種各樣的身材，但他們只和同一種身材的女性約會。所有女性的目標，就是成為那個「完美版本」。因此，女性對外表的注意是受到鼓勵的，甚至只有願意注意外表的女性才被認為是迷人的，以至於「只有懶女人，沒有醜女人」被奉為勵志名言。女孩一出生就暴露在這樣的環境裡。從性別認同開始之初，人們就有意無意地引導女孩們去注意漂亮的公主，注意琳琅滿目的衣櫥，看精緻的女人，看她們使用化妝品的樣子，彷彿在享受什麼天賜珍寶。

我們周圍的一切都在提醒女孩注意自己的外表，甚至都在對女孩們進行「外表戲弄」。

男孩和女孩都有可能被外表戲弄。大人們喜歡逗小孩，說他們長得太高，說他們腮幫子太大，說他們眼睛太小。但比起女孩，男孩通常不會被這些戲弄影響自尊或自我評價。外表戲弄留下的「漂亮壓力」，只有在女孩子那裡會得到最大的體現。她們把自己和電視電影、廣告海報中的「範本」進行比較，把別人關於她們外表的評價牢記在心中，她們帶著「好看」的義務生活。因為保持好看，保持性吸引力，保持「有用」，是女性在父權社會中的天職。

女孩們的「自我物化」

　　成長環境中有意無意的外表戲弄，讓女孩們清楚地知道自己正在被觀看。即使事實上並沒有人真正地在「觀看」，但這種被觀看感，在她們的性別認同開始的時候，就已經被編織進了自我認知裡。女孩從一出生就暴露在外部的物化目光中，被教導要注重外表、被比較和評估外表價值，久而久之，她們會將這種來自外部的物化目光內化，用外部的目光審視自己的身體，過分迎合所處社會環境的審美需求，發生自我物化。

　　自我物化不是一個全有或全無的心理狀態，它更像一個女性在男權社會中的心理預設。例如，女性很小的時候就認同了美麗對女性的非凡價值，且從來不去懷疑這件事的合理性。自我物化的程度也不是固定不變的。擁有不同經歷、不同人格特徵的女性，在面對不同情況時，自我物化的水準也會不同。例如，有人即使意識到維護適當的體重有很多的益處，也並不稀罕這些益處，而有人就會把「不瘦就死」當作至理名言一樣奉行。

　　女孩們一旦過多地自我物化，她們的認知水準、社交能力、心理和生理健康都會受到影響。她們會變笨，會變得更低落和焦慮。她們時刻注意自己的外表，時刻用外部的審美目光審視自己，時刻在肩頭擔著「我得漂亮」的漂亮壓力。當女孩們聚到一起聊天的時候，你總是能發現她們對自己外貌上的「缺點」一清二楚，對於怎樣「修正」這些「缺點」，她們也是瞭若指掌，頭頭是道。她們知道什麼樣的粉底能遮住痘痕，知道選什麼樣的上衣能讓腿

顯得更長。似乎了解和修正這些「不完美」，能為她們帶來一些掌控感。很多追求漂亮的女孩子，最後追求的都是這種「掌控感」。

因為，與其去慢慢接納自己，緩解因怕胖產生的進食焦慮，不如直接吐掉食物；比起「增強自信心」這樣虛無的口號，不如去做一對雙眼皮來得又快又實在。

「美」的定義、「美」的價值懸在每個女孩頭頂，她們向它邁近一些，或是在做著向它邁近的努力，這個過程本身就能給她們帶來掌控感。但實際上，這些掌控感根本就是自欺欺人。在男權社會，女孩們早就和自己的身體異化了，她們早就失去了對身體的自主權。無論做什麼，永遠有人在四面八方虎視眈眈。她們用力減肥，試圖靠減肥成功這件事來擺脫體重焦慮，為自己贏得一點自信的時候，有人說她們「虛榮」。小女生染了鮮豔的頭髮，或是穿了性感的服裝，就是「不檢點」。總之，女孩子無論想要對自己的身體做些什麼，似乎都有錯。女孩的身體無論是什麼樣，都有人覺得自己有資格去評價。

有一次，我參加了一個女性主義沙龍，我分享的主題是「像女孩一樣投擲」。我說女孩在五六歲的時候就已經知道要注意自己的動作和體態，她們在投擲物體的時候，大多不會動用除了小臂和上臂以外的肌肉。但在她們再小一點的時候，事情不是這樣的。那時，她們還沒有聽過來自任何人的外表戲弄，還不能理解所謂的女性規範，她們能像男孩一樣，動用全身的肌肉盡情地投擲。可社會化開始後，女孩的身體就不再是自己的了。她們把自己的身體交給了別人的目光，允許這些目光評價自己，甚至願意為這

些目光修改自己的身體。

我說完後，有一個女生站了起來，「你覺得你脫離這個監獄了嗎？」她問我。

「至少我已經把它解構了。」我說。

「你沒有。」她說，「你在臺上的時候，一直在撥弄瀏海，一直試圖用鬢角遮住臉頰，一直用力收著腹。你明明很不自在，在你自己的身體裡很不自在。」

我突然恍然大悟。我們已經交出去的身體，可能再也拿不回來了。

「謝謝你幫我補充論據。」我對她說。

「漂亮」是人類的權利，不是性別的義務

其實很多時候，除了我們自己，根本沒有人真正地在意你究竟漂不漂亮。男朋友看不出你瘦了兩斤，同事也看不出你有多少條裙子。

說真的，他們為什麼需要看得出來？即使他們會「看得出來」，甚至會「評價」，但會被這些「看見」和「評價」影響的，也只有女孩自己，只有在男權凝視下，背負著漂亮壓力的女孩自己。男權社會最矛盾的地方就是，大多數人，不管是男孩還是女孩，都在承擔莫名其妙的壓力。女孩有「溫柔壓力」，男孩就有「男子漢壓力」；女孩有「貌美如花壓力」，男孩就有「賺錢養家壓力」。

而這個問題，還不是質問一句「為什麼不能是女孩賺錢養家，

男孩貌美如花」或者「為什麼大家不能活成想要的樣子」能夠囊括的。因為即使我們意識到了這些問題，壓力也不可能一下就消失。商場裡還是貼著千篇一律的「好身材」海報，微博廣告還是不問你需不需要減肥就給你推薦減肥產品，朋友們還是焦慮地討論著皮膚問題、交換美容產品資訊。大家只能變得更漂亮，來應對這個漂亮壓力。

不過，想要漂亮當然不是什麼「錯」。實際上，習慣把一切都搞得很漂亮，有時候也是一種「girl power」（女性力量）。或者我們不把它稱作「girl power」，而是稱作「humanity power」（人的力量）。因為漂亮，或是追求漂亮，它應該像人性裡其他所有美好的東西一樣，是能給所有人帶來快樂的東西。它該是一種人類共有的權利，而不是專屬於某一種性別的義務。

「處男歧視」：過了 24 歲還沒有性經驗，就是社會中的少數嗎

　　性是最廣泛使用的暴力和束縛之一。這在女性身上體現得非常明顯，在男性身上則以另一種更隱蔽的方式顯現出來。在一些人的社會觀念中，女性婚前必須是處女，但男性不能是處男。這種對待性經驗的雙重規則，建構出來的「非處女歧視」和「貞操羞辱」，對男女雙方來說，都是束縛和不尊重。

不占少數的「處男」，怎麼就成了消費和嘲笑的物件

　　處男的確是少數，但不如你想的那麼少。

　　2009 年中國的一份生殖調查顯示：34% 的男性，到 24 歲時還是處男之身。美國的處男比例更低一點（23%），日本 20 到 24 歲男性的童貞率為 40.5%。

　　美國和日本的資料有很長的時間跨度，向我們展示了近年來男性童貞率的變化。男性童貞率並不是一路走低的，這可能反映了社會文化並非一成不變。儘管童貞率有波動，但只要過了 24 歲還沒有性經驗，基本上就成了社會中的少數。

　　對一些人來說，處男近似於一種汙名，尤其是「高齡處男」。

　　40 位元美國處男曾接受《GQ 健康通訊》的訪談，他們都表示自

己感受到了很大的壓力。身邊人知道這一事實後，傾向於認為他們「可憐、孤單、不開心、性方面有點問題」。

一些男性覺得，「沒有破處」很遺憾，很挫敗，並且害怕別人知道自己是處男。有人覺得自己沒有吸引力，還有人存在性取向和性別認同問題。

有些人似乎認為男性生來就應該有性體驗。一項調查顯示，超過一半的受訪者認為談論「男性童貞」沒有意義。

人們似乎默認，性體驗是男性氣概的一個重要方面。男性在什麼時候破處的問題上，通常很少被鼓勵去思考是不是「自己的決定」。

事實上，你總是聽到一名女性「失去」了貞操，而不太會聽到有人說誰「奪走」一個男性的貞操——他們所受到的同輩壓力在於「如何讓自己看起來更有男子氣概」，為此需要盡快找到一個「捕獵對象」來擺脫處男之身……女朋友也好，一夜情也好。

因為，處男，是不合群的、沒有魅力的、缺乏傳統男子氣概的「異類」。

處男焦慮與標準敘事

在性別刻板印象中，從來沒有單一性別的受害者。

男性對「有毒性別氣質」的內化，甚至催生了一類像「Incels」（非自願獨身者）這樣的社區。

維基百科對它的描述是：Incels用戶一般都是男性，而且可

能未有過任何性經驗。他們可能是「毒男」（指欠缺異性緣的單身男性），又或是一些「女神」的「工具人」（被女生差來遣去的男性），但也有可能兩者都不是。這樣的一群人後來成了歐美社會中的一個亞文化團體。

男性聚在這樣的社區中，譴責女性不與她們發生性關係。對他們來說，性被視為一種毋庸置疑的、必須被滿足的需求。「女性應該滿足我的需要」是一種常態，甚至是一種「天賦人權」。這是一個看似極度不合常理的社區，且不可避免地成為社會動盪因素。

標準的處男敘事告訴我們，男人應該在某個年齡段失去童貞——比如 18 歲，或者 21 歲。不管透過什麼途徑，他越早失去它，他的生活就越好。

處男，不是他的錯，但人人告訴他處男是錯的，他的陽剛之氣受到了質疑。所以，那該怪誰呢？怪這個社會吧。「貞操」與權力相關，它被視為一種深刻的、有意義的、發自內心的占有，關乎我們對於身體的自由決定權。它是厭女文化的產物。對女性來說，她們與誰發生性關係，什麼時候發生，都是她自我價值的「綁架因素」，被用來控制女性。

另一面，男性的貞操是被醜化的。對於男性來說，他要麼太陽剛，要麼不夠陽剛，要麼性生活太活躍，要麼性生活不夠活躍。在性別刻板印象的較量中，人人皆是受害者。因此，我們都需要一些反抗的勇氣。

重新看待性：正視性衝動和性選擇

在現實生活中，我們總有一種刻板印象，好像在關鍵時刻按捺不住色欲而斷送職業生涯和大好前程的多是男性。在人類的性這個問題上，似乎只有男性「精蟲上腦」，好像沒有女性「卵子上頭」。但實際上，你身邊那些看起來極其理性的人，也難免被「色欲」衝昏頭腦。

另一種刻板印象在於，似乎所有人都需要過性生活，缺乏性衝動的人便是不正常。而那些不需要性，不喜歡做愛的人也陷入被社會規訓為「不正常」的困境之中。但當一種確定的「無性戀」的選項擺在我們面前時，能否為別人的性選擇增加一些尊重，又能否為自己的性選擇帶來一些確定性呢？

色欲面前，男女都一樣

美國演員羅賓·威廉斯（Robin Williams）曾說：上帝給了男人一個大腦和一根小弟弟，但問題在於，男人的供血量，只夠在同一時間支持二者之一。當然，這並非只是男性的問題，女性同樣存在這種上半身和下半身的衝突，只是在日常生活中，女性似乎更擅長隱藏和控制這一點。

我們相信，在性這件事上，絕大多數人還是相信真愛的。只不過有些時候，我們的身體或者某些部分，也會需要一些類似但

短效的「替代品」，這往往就是「色欲」作怪的時刻。多數人都有過這樣的體會：在地鐵上看到一個帥氣的小哥哥或者漂亮的小姐姐，就特別想去要個聯繫方式，甚至腦補一段跟對方滾床單的畫面。或者，稍微喝了一點酒後，會更輕易和異性互加微信，當然前提是對方身材、長相都很棒。有這些想法很正常。但如果不好好克制，就可能因此變得盲目，智商驟降，從而犯下難以彌補的錯誤。

按照心理學家瑪麗·C·拉米西（Mary C. Lamia）的結論，色欲確實具備「降低人類理智」的力量。在色欲控制下的人們很可能失去感受力，從而忽視現實。在理性情況下，很多事情你都不會做，比如第一次見面就跟異性回家。多數情況下你的大腦都會保持理智，會有所擔憂。比如，這個人靠譜嗎？會不會有危險？他會不會是一個碰巧在酒吧喝杯酒、長得挺帥的變態殺人狂？但是，如果對方有著無法抗拒的誘人外表，可能就會使你迫切地想要接近，在大腦的報警聲和下半身的呼喚聲中，毅然決然地丟掉腦子。

根本來講，色欲就是這樣一種強烈的、生理層面的吸引力。

色欲是怎麼讓人一步步失智的

那麼，色欲是如何讓我們失去理智，甚至失去情感約束，失去愧疚和羞恥感的呢？這其實跟我們的大腦有關。人類大腦在進化過程中，似乎有一些小瑕疵：在面對性誘惑這種日常情況下極其缺乏的誘惑時，大腦會缺少足夠的自控能力。我們的大腦更傾

向於汲取短暫、即時且強烈的快感，和貪吃是相似的道理，色欲會啟動男性大腦的邊緣系統，使得前額葉皮質區（人類大腦的判斷力區域）的活動減少，從而讓我們的判斷力失去控制。

對此，美國杜克大學教授丹・艾瑞利（Dan Ariely）曾做過相關實驗，發現「人們並不知道性欲能給自己帶來多大的影響」「性興奮會使得我們急躁，並且使我們極大地低估其影響」。

加拿大麥克馬斯特大學的學者也做過一項研究，他們分別給男性觀看性感女性和普通女性的圖片，同時告知這些男性，每個人都可以獲得 15 美元或 75 美元的獎勵，15 美元明天就能拿到，而 75 美元還要再多等幾天。結果，選擇第二天拿 15 美元的人，大多是那些觀看性感女性照片的男性。這項研究在一定程度上可以證明，色欲會讓人們更在意短期的快感，而非長遠計畫。

越是好色之徒，在色欲的刺激下越容易做出急功近利的決策，放棄那些看起來更明智的長遠方案。色欲讓人們更容易冒險、衝動行事。這一事實還被許多商家利用，並廣泛用於提高商業盈利，也就是變相賺我們的錢。比如，在拉斯維加斯，酒店和賭場老闆會雇傭各種性感的員工，使用這種性元素更容易啟動顧客大腦的相關區域，讓他們更瘋狂地消費和揮霍，多花一些在理性狀態下絕不會花的錢。面對美女荷官，男性賭徒們可能在賭桌上砸更多錢，下更大注，好像這樣就能得到美女荷官的注意。在酒吧夜店安排女性跳鋼管舞也同理。在酒吧，如果酒保長得很帥，女性也會多花錢買酒，想得到帥酒保更多的關注和讚美，如果帥酒保表現出更多親密舉動，很多女性可能會失去理智，超預算肆意

花錢。很多手遊也是同樣的套路，男性向手遊中的女性角色往往個個豐乳肥臀，讓男性心滿意足地充錢。女性向手遊中的男性角色則往往又帥氣又會調情，這也都是為了刺激消費。再比如，某個國產的椰汁品牌，特意找大胸模特做廣告，說白了，就是讓消費者在「色欲」面前失去理智和提防心理，然後花錢。

性不是一切的答案

當色欲對一些人來說是生活中必不可少的樂趣時，還有那麼一群人，「從不想睡別人，也不想被睡」。在一個人們把結婚、生子都看成是天經地義的事情的社會中，身為「無性戀」者，可能並沒有機會主動選擇，只能隨大流。但總有些不妥協、希望堅持自我、尋找無性婚姻的人，他們「至少已經意識到了，自己是不需要性的」。

聽到「無性戀」，很多人的第一反應是「性冷淡？」「工作壓力大，我現在也無性」。的確如此，性頻率降低、分床睡、沒有性生活的現象，在當代中國家庭中並不少見。以至於人大社會學教授潘綏銘在 2009 年發表的一項報告稱，在接受調查的已婚夫婦中，四分之一沒有性生活；超過 6% 的受訪者承認一年或更長時間沒有性生活。

但是，無性戀這個概念，並不能與上面的情況混為一談。它是一類正常的性取向，被稱為「第四種性取向」（獨立於異性戀／同性戀／雙性戀）。它並非一種選擇，而是近似一種自己的身分

認同。

研究發現，無性戀者缺乏欲望，可能主要缺乏對他人的欲望，而不是缺乏欲望本身。有證據表明，無性戀者有某種形式的欲望時，它通常是一種「孤獨的」欲望——一種與他人無關的欲望或一種無伴侶的欲望。

許多研究表明，有相當多的無性戀者會自慰。對於其中一些人來說，可能會有「彌漫」的情欲感覺（也可能完全沒有）。換句話說，他們即使對性刺激有某種程度的身體反應，也不存在與他人有性關係的「自我」。

中國 2015 年的一項網上調查顯示，80% 的無性戀者是女性，且受過高等教育。在香港浸會大學教授黃結梅的研究中，無性戀群體還可以再被細分為幾大類：例如，具有浪漫傾向的無性戀者和無浪漫傾向的無性戀者。

加拿大布魯克大學的心理學教授安東尼・柏格特（Anthony Bogaert）曾報告，無性戀在人群中的比例大約是 1%～3%。目前的主流理論和全球最大的無性戀社區 AVEN 認為，無性戀者的決定性特徵是「從未感受過他人的性吸引力，或是缺乏對他人的性接觸渴望」。

相對於 LGBT 人群而言，無性戀者是「更被邊緣化」的一類性少數人群。畢竟，在一個性開放的社會裡，對性沒有興趣自然會被視為異類。這就使得無性戀者的婚姻面臨著更多問題，就像在無數個「搭夥過日子」的匹配變數裡，又加上了一層「性匹配」的必要條件——不然這對於非無性戀者也是一種傷害和不公。但

即使性匹配了，能找到自己另一半的變數也很多，他們也一樣會經歷分手、磨合和再次匹配的過程。

他們在網路上組成各種各樣的小組，追尋自我認同；他們會強調，無性戀不是一種病，而是一種內在取向，「並沒有更純潔或是更高尚」，也不需要結婚。

性不是一切的答案。

儘管性行為常常是一種強烈的愉悅來源，但它確實有可能只是一種選擇。如果有人選擇「不」，性也不應該成為一種障礙，或是定義他們的方式。

打破性別框架：你真的了解自己的性別嗎

> 「我們不能只做男人或者只做女人，我們要成為有女子氣的男人
> 或者有男子氣的女人。」
>
> —— 維吉尼亞・吳爾芙（Virginia Woolf）

一個朋友曾告訴我，她從小就很想當個男孩。因為她覺得，男孩更自由，不麻煩。「我的女同學們在談論月經與智商、能力發揮之間的關係，為的是在生理週期裡處於最佳狀態時去高考。唉，要是個男孩，哪有這麼多煩惱！」

她的話不無道理。然而，「男孩就該如何如何」的印象本身，可能也會使一些男孩陷入不自由和麻煩中。你有沒有想過，在討論性別時，真的只有「男」「女」這兩個概念嗎？是不是我們其實都戴著一副「男性 / 女性」眼鏡，才形成了對這個世界的很多固有看法？如果我們能夠把這副眼鏡摘下來，會不會看到完全不同的世界？

只有男女兩種性別

美籍非裔模特吉娜・蘿傑拉（Geena Rocero）在 TED 演講上，對著台下數百人說：「性別總是被認為是一個事實，不可改變。但

是我們知道，性別事實上是非常不定的、複雜的、神秘的。」她披著一頭美麗的黑色長捲髮，藍色的緊身禮服裙將身體襯托得玲瓏有致。大概沒有人會否認，她是一位非常有魅力的女性。但事實上，蘿傑拉出生時，周圍的人根據她生殖器的外觀，將她鑒定為男性。然而，她並不認同自己的生理性別。5 歲的時候，小蘿傑拉將一件短袖衫套在頭上，在房間裡走來走去。媽媽問她：「你為什麼總是把短袖衫套在頭上？」小蘿傑拉回答：「這是我的長頭髮，媽媽。」

我們從出生開始就被周圍的人反覆告知，世界上的人分為兩類──男人和女人，而且我們只能屬於其中一種。如果我們是男人，就應該喜歡女人，反之亦然。如果不是這樣，就是不正常的。

事實真是如此嗎？美國有著「性革命之父」之稱的阿爾弗雷德·金賽（Alfred Kinsey）教授從 20 世紀 40 年代開始，在美國對近 20000 人進行了面對面調查訪談，詳細揭示美國社會中人們 性行為的實際情況。《金賽性學報告》指出，有 50％以上的男性和 30％以上的女性在一生中曾經有過同性性行為經驗，而其中大部分人並不認為自己是同性戀者，稱自己仍然更受到異性的吸引。這個調查結果，不只挑戰了「男 / 女」的性別分類方法，甚至挑戰了異性戀和同性戀的二元區分。幸運的是，越來越多的學者開始意識到，「性別」這件事可能比我們過去以為的要複雜和模糊得多。 20 世紀 90 年代，「酷兒理論」興起，並在全球範圍內獲得了眾多支持。「酷兒理論」對我們習以為常的二元性別分類發起了挑戰。這一理論最核心的主張是：人的性別不是只有「男」「女」兩個極端，而是一條連續的光譜帶。我們每個人都可能位於這條性

別光譜帶上的任何位置。

性別是流動的，就像光譜一樣

傳統的性和性別觀念認為，我們的性別基礎在於身體、性別和性欲這三者之間的關係。我們的身體決定性別，而我們的性別又決定了性欲──受到哪種性別的人吸引。

但酷兒理論並不認同這種觀點。美國酷兒理論學者茱蒂絲·芭特勒（Judith Butler）就指出，根本不存在「恰當的」或「正確的」社會性別，即適合於某一身體（生理性別）的社會性別，也根本不存在生理性別的文化屬性。她認為，與其說有一種恰當的社會性別形式，不如說存在著一種「連續性的幻覺」。人們的同性戀、異性戀或雙性戀行為都不是來自某種固定的身分，而是像演員一樣，是一種不斷變換的表演。酷兒理論告訴我們：人的性傾向是流動的，不存在同性戀者或異性戀者，只存在某一時刻同性之間的性行為，或另一時刻異性之間的性行為。甚至，不存在傳統意義上絕對的男人或女人，只存在著一個個具體的、活生生的人。

再講一件有趣的事。全球社交網站臉書（Facebook，現在的Meta）某種程度上也是「酷兒理論」的支持者。該網站在 2014年更新了頁面的「性別」選項，從「男／女」兩種選項拓展到了56 種性別。56 種性別選項中包括順性、變性、流性、泛性……軟體工程師布里埃爾·哈里森（Brielle Harrison）是臉書公司

推進 56 種性別項目的負責人之一。她也在經歷著性別轉化——由男性轉化為女性。在一個星期四，她監測這一工具的系統漏洞時，把自己臉書（Meta）帳號的性別選項從「女性」改為了「跨性別女」。「這一改變對於許多人來說或許沒什麼影響，但是對性少數群體來說太重要了，這就是他們的全部世界。」哈里森說。

目前，不少人已經幽默地將自己形容為「彎曲的直線」（straight with a twist）。在英國流行文化裡，「straight（直男／直女）」是對異性戀的通俗叫法。這個詞已經傳播到了全球各地，我們也經常在聊天時脫口而出，「嘿，他是直的（異性戀）還是彎的（同性戀）」。可是，如果有人告訴你，他是「彎曲的直線」，那他該歸入哪一類呢？

是時候打破僵化的性別框架了。「彎曲的直線」這種說法，讓我們看到各類性別分界線正在變得模糊的新趨勢。人可能是彎曲的直線、具有女性氣質的男人、具有男性氣質的女人……這有什麼好奇怪的呢？

我們對性別的偏見

簡單心理曾經和專注於中國青年群體及青年文化研究的公司「青年志」合作，以新媒體平臺 OpenYouthology 上的青年社群為調研人群，對年輕人的性別氣質多元化進行了調研，並發佈了《2016 年中國年輕人性別氣質趨勢報告》，報告中指出了人們對於性別的幾種典型的偏見，很有意思。

1.二元刻板：男孩女孩就得不一樣。

二元刻板，指的是人們對男性與女性的期待完全遵照傳統的性別文化，認為男性就應該具有以事業為重、堅強剛毅等氣質，女性則應該溫柔細心、顧家、對性被動等。在個性與外表上，男性形象被束縛在商務精英、居家暖男或運動型男三種類型上，女性則多為清純可愛或性感誘人的人設。在生活方式與文化消費上，男性的興趣多集中在運動、遊戲、科幻，女性則是購物狂或煲劇達人。在社會關係與角色上，女性總是被動依附、被觀看的一方，男性則多是主動引導的一方。

2.固化不流動，女漢子在哪裡都是女漢子。

二元刻板強調的是男女有別，而固化不流動這個概念強調的則是一個人的性別氣質是固定不變、不會隨著場合變化而變化的。

固化不流動完全忽視了人的變化性和成長的可能性。一旦被貼上了某類性別氣質的標籤，這張標籤就會伴隨著你到任何場合。

比如，男性在任何場合都應該永遠符合有控制力與領導力、自信大氣的氣質設定，女性在任何場合都應該保持溫柔、細緻、關注生活等「女人」氣質。

一個人如果有超越傳統兩性氣質的特點，就很容易成為撕之不去的標籤，比如男人婆、聖母婊、直男癌、娘炮、妻管嚴……

3.過度性別化：女孩喝個飲料也該是粉色。

過度性別化，指的是一切物品都按照刻板的性別氣質印象，被打上性別的標籤。比如，女性喝的飲料一定是粉色甜味，男性護理品一定清爽強勁、黑色包裝。

二元性別被商業不斷強化，認為年輕人會為這樣的性別認同買單。「預設男士都愛清涼感，八十種問題都只有『清爽強勁』一個對策，清涼到臉疼……」「賣衣服都流行不分男女了，賣水為什麼要分男女？」

　　最後讓我們回到美麗的模特兒蘿傑拉的故事。

　　為了成為自己想要成為的人，蘿傑拉 19 歲時接受了變性手術，之後前往紐約加入模特行業。她的纖秀身材使她獲得不少內衣公司青睞，在隨後的十年時間裡成了紐約時尚圈的知名模特兒。但蘿傑拉一直未曾透露變性的祕密，就連其所屬的模特公司都不知道。在紐約的近十年時間裡，蘿傑拉每天都在擔心身分被戳穿，擔心大家認為她存心欺騙，以致失去客戶，毀了自己的事業。直到 2013 年，她在墨西哥慶祝生日時，向男友表示決定公開自己是變性人的祕密，並向大家分享自己變成女性的全部過程。

　　蘿傑拉隱藏了三十年，最終鼓起勇氣向全世界公開了自己的故事。「因為我的成功，我從前沒有勇氣去分享我的故事。不是因為我認為自己的性別取向是錯的，而是因為擔心世界會如何對待我們這些打破常規的人。」所幸，世界沒有像她擔心的那樣給予她負面的回饋，更多理解的聲音出現了。

　　是時候收起性別偏見了。這個世界上的人從來不應該簡單地貼上「男」「女」的標籤，一個人可以位於性別光譜帶的任何一點。我並不在乎你是什麼性別的人，更在乎你是誰。

第八章　愛不是簡單的事

親密關係是人類最公開、最龐大的祕密

世界上的愛都差不多，但關係卻千差萬別。你可能正在經歷這樣一種「愛情中的關係」：

你喜歡一個人，但你們不是情侶；

你遭遇了伴侶出其不意的背叛；

你擁有「備胎」，或者正在成為別人的備胎；

忍不住「吃醋」，常常感受到負面情緒；

我不愛了，應該如何分手？

分手後，還要不要和前任當朋友？

……

在這一章中，我們聚焦於嫉妒、信任、背叛、分手、備胎這幾個方面，一起探討親密關係的多樣性，以及如何應對其中的困惑、不信任、憤怒等情緒反應。

嫉妒界限：我忍不住偷看她的聊天介面

　　當你的伴侶在社交軟體上和別人偷偷聊天，或是眼睛總往別人身上飄，跟異性出去吃飯卻故意瞞著你，你會是什麼感覺？你可能心中有一萬匹生物奔騰而過，卻還是要保持微笑。因為如果表現出吃醋的話，可能會被說小心眼。

　　吃醋是一種很難受的體驗，因為不管你是否表達給對方，其實傷害都已經造成了。偷看伴侶的聊天介面，本質上也是一種吃醋的體驗。

什麼是親密關係中的「嫉妒」

　　在親密關係中，嫉妒，也就是我們通常所說的「吃醋」，被定義為一種自己的親密關係被真實或假想的情敵威脅之後的情感反應。

　　嫉妒是一種令人痛苦的情緒，而且大多數人並不想承認正在承受這種情緒。因為承認嫉妒就意味著，你意識到伴侶被其他人吸引了，而且他（她）對於這種吸引力採取了確切的行動，你很生氣、很在意，卻無力阻止它的發生。

　　意識到這些以後，你可能會感受到多種討厭的情緒——憤怒、不安全感、懷疑、憎惡等等，混雜在一起奔湧而來。但正如

我們硬生生地不承認自己在嫉妒一樣，我們也拒絕體會這些嫉妒引發的情緒。一句「我不在乎」，裝作麻木可以擋住所有好的壞的情緒。當我們想要感受情緒時，聽到的卻往往是「××不相信眼淚」「矯情」。當今的社會文化簡直無法容忍情緒的存在，很多人認為談論情緒本身就是一種忌諱。但實際上嫉妒是一種極為正常的情緒，如果你要經歷愛，幾乎一定會感受到嫉妒。

嫉妒的跡象

以下是嫉妒產生時的典型跡象：

• 害怕失去對方。

• 對對方缺乏信任。

• 對於真實或假想情敵產生敵意，從不相信有什麼紅顏、藍顏，接近伴侶的人都不懷好意。

• 產生強烈的想要控制伴侶的願望，隨時隨地查勤。

• 監視行為，例如，看對方的朋友圈、點進「情敵」的社交媒體探查，這種事情大家都懂。

當你在親密關係中察覺到以上跡象時，可能就表示你們之中有一方在嫉妒。

嫉妒有什麼益處

在某種程度上，親密關係中的嫉妒是一種健康的情感，它的

存在是有一定進化學意義的。進化心理學家將嫉妒視為一種保護伴侶不被別人偷走的行為。例如，在聚會中用你的手臂圍護住自己的伴侶，這種類似於「宣誓主權」的行為被稱為「伴侶保留行為」。

美國南加利福尼亞大學心理學教授尼爾（Neal）的實驗證明，當一方實施伴侶保留行為時，雙方對於一段關係的承諾水準都會提高。尼爾認為，嫉妒在親密關係中是必不可少的。如果你在關系中從未吃過醋，這可能意味著你並不那麼在意對方。當伴侶斜著瞄一眼你在和誰發訊息時，他（她）有點吃醋的樣子可能會讓你感到安心，甚至有點喜悅。你之所以覺得放心，是因為感受到了對方在乎你。同時，嫉妒也是一個警示燈，當它亮起時，就在提醒你是時候審視一下彼此的關係了。一段趨於平淡的關係往往會使得兩個人慢慢忽視它的存在。

專注於婚姻治療的心理諮詢師沙因克曼（Scheinkman）認為，「老夫老妻」經常會處於一種夢遊的狀態，雙方都在這段關係中正常地行走著，卻沒有交流，甚至沒有意識到對方存在，直到第三方的出現打破這種寂靜。「很有趣，很多人從沒有關注過自己的伴侶，直到他（她）被別人盯上。」

如果嫉妒有益，為什麼還會破壞關係

重要的不是嫉妒這種情緒本身，而是我們如何應對它。伴侶保留行為是一個寬泛的範圍，過分窺探、操控以及控制伴侶行為

可能會降低雙方的關係滿意度。這其中的關鍵是，要認清你產生的嫉妒是反應性的還是懷疑性的。

如果你發現伴侶和前任有些奇怪的聯繫和舉動，然後採取一定行動來阻止其繼續發生，這說明你是善於感知的，你的嫉妒是面對真實情境產生的反應性情緒；但如果只是瞎猜忌，則會被認為「總是多想」，懷疑性的嫉妒很可能讓你去反覆驗證彼此的關係，這最終可能真的會導致你們關係的破裂。比如，一些人習慣性地翻著伴侶的手機、電腦，這會讓對方感到不被信任，沒有隱私，而產生懷疑性嫉妒的一方卻認為自己在試圖「保護這段關係不受侵犯」。

嫉妒讓我們變得更像情敵

你會模仿你的情敵嗎？先別著急否認，心理學家艾麗卡・斯洛特（Erica Slotter）的行為實驗證明，我們不僅不會攻擊情敵，甚至還會傾向於把自己變得更像他（她）。人們可能暗暗相信，伴侶被他人吸引，是因為情敵身上有我們所不具備的特質，小到髮型、穿衣風格，大到性格，都有可能。我們為了留住伴侶，可能會不自覺地改變自己，模仿情敵。

嫉妒使我們可以為了伴侶改變自己，我們不能確定地說這就是一件好事或是壞事，但無論好壞，也無論你是否承認，它確實發生了。也許改變自己能重新吸引伴侶的目光，也許你從此擁有了一種新的特質。但改變是要有限度的，人要有底線。如果因為

嫉妒，或是為了留住伴侶地不斷地改變自己，甚至喪失了自我，那麼就需要審視一下兩人的關係是否存在其他更深層的問題了。因為此時的嫉妒也許只是一個表像。

女性更容易吃醋嗎

研究發現，在親密關係中，男性和女性產生嫉妒情緒的頻率和強度大致相同。

男性和女性也傾向於因不同的因素觸發嫉妒。對於男性來說，身體背叛更加令他們難以忍受，而情感上的出軌對女性造成的困擾更多。進化心理學家將這歸因於人們在關係中所面臨的不同方面的不安全感：男性更加擔心性背叛，因為他擔心自己投入的資源和照顧都給了隔壁老王的孩子；女性則要確保她們的伴侶對孩子有足夠的情感投入，有足夠的資源撫養後代。

現實是殘酷的，但我們需要面對

持續處於一種不確定狀態裡的關係，的確是一件很有壓力的事。你永遠不能百分之百地確信不會失去你的伴侶，但這就是真真切切的現實，我們需要承認並接受它。「我們每個人都需要處理這愛情本身所帶來的困擾。」沙因克曼說：「的確，我的伴侶很愛我，但如果有一個對於他來說非常有吸引力的人出現，他或許也會愛上別人。這是我們都需要面對的現實。」

這種不確定性可以讓我們避免變得自滿，同樣提醒自己：沒有一個人能真正完全擁有另一個人。我們活在世上，所期望的只不過是與另一些人產生聯結，並且盡一切努力讓這些聯結變得更深、更久。

如何正確地處理嫉妒

在電影《火線追緝令》中，男主角約翰殺了代表另外五種原罪的人，而他自己也代表著一種原罪——嫉妒。約翰嫉妒員警擁有漂亮賢慧的妻子和美滿的婚姻生活。於是他殺了員警的妻子，並把她的頭顱割下來寄給員警。

嫉妒可以是一種健康的小情緒，也可以是一頭猛獸。它是一種同時具有建設性和毀滅性的力量，如何運用這種力量來增強親密關係是我們應該學習的。

1.與伴侶協商「嫉妒界限」。經過與伴侶的協商，雙方共同設置一些邊界和規則，可以幫我們在一段關係中找到安全感與個人自由之間的平衡，既對於伴侶有承諾，也不喪失自己的獨立性。

我有一個朋友，她和男朋友就約定過，可以和異性一起吃飯，但是不能深夜約異性喝酒；可以和一群異性出去聚會，但不能單獨約某個異性去看電影。

設立這種界限的目的並不是為了捆綁對方，而是在給對方自由的前提下，也讓自己感到心安。

2.建立關係中的安全感。當關係中的一方出現「嫉妒」的時候，

往往是關係中的安全感被破壞了。

　　這個破壞有可能來源於其中一方個人的創傷：比如他在任何與他人的親密關係中，都經常體驗到嫉妒的情緒——這個無關他伴侶的行為，他總是可以從關係中找到去嫉妒和猜忌的理由。這樣的情況下，尋求專業的心理諮詢幫助來療癒個體的創傷會更有效。這個過程中伴侶的另一方也可以更多地放下羞愧或無力的感受，在更被信任的關係中來陪伴他。

　　安全感的破壞也有可能來源於一方的破壞性行為，以及由此帶來的雙方間糟糕的互動模式。指責和猜疑往往會啟動關係中更多的羞愧感和憤怒感，以及不被信任所帶來的受傷的感受。可以嘗試用詢問和試圖理解來替代指責，去理解對方為什麼這麼做、出於怎樣的意圖和原因。在安全的感受中，一起去理解彼此真正想要表達的是什麼，以及期待對方如何行動。

　　理想狀況下，一段親密關係中需要一個人清楚地表達自我的想法、願望和需求；也嘗試幫助另一方去這樣做。在雙方彼此理解的基礎上，一起來形成屬於兩個人彼此的規則和共同願望。當伴侶中的一方行為發生改變，關係中的另一方必然需要透過新的方式來溝通和行動。這樣兩個人能夠形成「我們」，這是親密關係中最珍貴的事情了。

煤氣燈下：如何避免被情感操控

何為煤氣燈人？如果你感覺這個詞很陌生，那麼朋友，你聽說過 PUA 嗎？

PUA（Pick-up Artist，把妹達人），一個近年來廣為人知的群體，與其相關的理論亦被稱為「泡學」。

大量不善交際的嘗試者，幾經輾轉購入高價 PUA 課程，並將其珍視為「江湖兩性秘笈」。但同時在更多人眼中，PUA 群體也淪為過街之鼠，人人喊打。

但你真以為自己能擺脫 PUA 嗎？── 答案是「不」，甚至也許你在渾然不知的情況下正在進行著「情感操縱」。

PUA，其實就是一種煤氣燈人

現今意義上的 PUA，上可追溯至 1944 年，由美國導演喬治・庫克（George Cukor）執導的一部驚悚片《煤氣燈下》（Gaslight）中的主角安東。

在電影中，鋼琴師安東為了將妻子寶拉所要繼承的大額財產據為己有，一面將自己偽裝成瀟灑體貼的丈夫，另一面又不斷使用各種心理戰術，聯合家中的女傭企圖將妻子逼瘋。

在丈夫縝密的心理操縱下，寶拉逐漸變得神經兮兮，懷疑現

實、質疑自己，最後在精神上幾乎完全依附於安東。

這種試圖破壞他人對現實感知的情感操縱，也因該電影而得名為「煤氣燈操縱」（gaslighting）。下面我挑選了幾個經典的煤氣燈操縱片段讓大家看看：

> Part1 資訊封鎖：在一段時間內不斷重複強調某一資訊。
>
> 安東和寶拉新婚滿三個月時，外出去倫敦塔遊玩。出門前安東送給妻子一枚小巧的白色胸針，聲稱是母親去世前留給他的，並囑咐寶拉把它收好。
>
> 此時安東略顯刻意地強調了一句：「妳可能會弄丟，妳知道的，妳經常丟三落四」。這是電影中安東第一次對寶拉實施煤氣燈操縱，也是寶拉初步對自己產生懷疑。
>
> 但是在二人離去之後，兩位元女傭之間的對話又再次佐證了，寶拉從未體現出任何異常。但是男主人安東，卻不斷向她們傳輸「女主人生病了」這一資訊。

如果說此時，僕人們還對女主人生病一事有所懷疑。那麼接下來的事情，就令他們對於這一言論深信不疑了。

> 當天遊玩結束後，安東便以飾物常年未佩戴需要修理為由，向寶拉索取胸針。由於安東從一開始就並未將胸針放入寶拉的手拿包，而是偷偷將其藏在手心轉移至別處，寶拉自然無論如何都找不到胸針的蹤影，還以為是自己不慎遺失，十分懊惱。

安東借此機會再次強調寶拉「記憶力不好」一事：

「你真的有將它放進去嗎」，寶拉不甘心地又問了一遍安東。

安東並沒有立刻反駁，而是反問寶拉，「妳連這也不記得了？」

此時，因丟失胸針而產生的內疚、自責，外加安東使用虛假資訊進行的旁敲側擊，寶拉對自己記憶力的信心徹底動搖。

家中女傭在親眼見證了此事後，也開始相信寶拉確實「有病」了。

Part2 激起寶拉嫉妒心，再批判這種情緒不正常。

安東在與寶拉二人獨處時，慫恿她喚女傭上樓點燃煤氣燈。趁著年輕貌美的女傭點燈之際，安東便湊過去言語輕佻地與其大肆調情。此時寶拉已極為不悅，表面上故作鎮靜地看書，實則是在旁聽二人的對話。

待女傭走後，寶拉便質問安東為何要這樣對女傭說話。安東解釋稱，自己只是「想將她當成平常人，而不是下人」。

如果說到這裡也還算解釋得通，接下來安東進行的就是騷操作了。

當寶拉委屈地表示，安東與女傭這種過分親密的相處模式會讓她們瞧不起自己時，安東卻將矛頭轉向寶拉，直接坐實她「精神出了問題」這一說法。

「妳又在胡思亂想了……妳生病又妄想，我會很難過。」

安東的反應真的是「是妳想多了」的無敵高階進化版，渣男中的語言操縱大師。

Part3 關係封鎖：限制寶拉社交，將其禁錮在自己身邊。

當鄰居老太太要來拜訪二人（尤其是舊交寶拉）時，安東顯得十分暴躁， 生氣地說，「別讓她總來煩我們了」。並且由於擔心日後無法全面控制寶拉，命令女傭以「夫人身體微恙」為由，拒絕了這位不速之客的來訪。

而當寶拉委屈地詢問丈夫，為什麼要這麼做時。安東換上一副關切的面孔，將其歸咎於寶拉的表述不清，「我以為妳只是禮貌回答而已，妳想見她為什麼不告訴我呢」。

可事實是，他從始至終都沒有給寶拉說話的機會。

在之後的一次宴會上也是如此。安東不願意讓寶拉出現在眾人面前，在未告知寶拉的情況下就拒絕了主人的邀約。寶拉得知後十分生氣，堅持要出席。安東嚇唬她說，那妳只能一個人去了。可是這句話並沒有阻礙寶拉，她表示自己一個人也可以去。

見妻子如此堅定，安東只好立馬轉變態度，表示自己只是開了一個玩笑。說完憂心忡忡地上樓，一邊穿衣一邊思考對策。

安東前後反差極大的態度，被這黑白影片中搖曳的煤氣燈影襯得更顯恐怖。

這種把事實刻意扭曲、選擇性刪減，持續使用否認、矛盾、誤導和謊言等方式，使被操控者懷疑自己的記憶力、理智和精神狀態，乃至自我存在價值的操縱方式，不就是傳說中的 PUA 教程的核心嗎？

而當這種情感操縱的對象不再僅僅侷限於陌生異性，而是進一步延伸到朝夕相處的朋友、同事、伴侶、甚至是家人身上時，PUA 一詞就顯得過於侷限而不再適用了，將其定義為「煤氣燈人」則更加準確。

煤氣燈人比你想像得更常見

「對某人進行情感操縱」並非大多數煤氣燈人的本意，畢竟，極少有人會處心積慮地折磨自己愛的人。

然而，陷於各種複雜關係中的人們，多從相處初期的「我愛你，所以我甘願為你付出」，逐漸發展到打著關心的口號不斷進行要求和索取，認為自己做的都是為了對方好，從而演變成「我愛你，所以你應該聽我的」。而這一看似被正當化的出發點，讓自己的愛在不經意之間就慢慢變了味，成為令人窒息的煤氣燈人。

一些煤氣燈人可能從未注意到其所作所為產生了負面效應，但他們能明確感知到，自己想要控制他人行為的強烈衝動。

這類人在親子和夫妻關係中較為常見。例如，一些父母在日常生活中與孩子交流時，習慣性地對其進行打壓，否認孩子自己的感受、認知和判斷，使得這樣的孩子自幼年起便從內心對父母造成非正常的心理依附，認為自己「做什麼都是錯的」，從而全盤接受父母的安排。

　　想想你是否也聽過或曾說過這樣的話 ——

> 「你很馬虎，數學也不行。」
>
> 「你可不可以不要疑神疑鬼的了？你想多了，我和她什麼都沒有。」
>
> 「你的腿好粗啊，真是個小胖子。」
>
> 「你要是愛我的話當然就該做出這些改變啊，不然你就是不愛我……你是不是不愛我了？」
>
> 「可是我是你的男／女朋友啊，你難道不應該×××/××嗎？」
>
> 「你脾氣太差了，除了我沒人受得了你。」

　　一旦這些話從身邊人的口中聽得多了，人們便會在潛意識中開始相信 —— 我永遠也學不會數學；我的疑心病太重了，這是在主動破壞我們良好的關係；我又胖又醜，要把腿上的肉肉遮起來才能見人；我在感情中做得不夠好，我是一個差勁／失敗的人；沒有人會喜歡我……

　　雖然說以上現象並不一定出自主動的煤氣燈操縱。但是，隱藏在這些話背後的，就存在著操控者想要改變你，使你順從的意圖。你的負面情緒便來自於這些，外界只因一時的判斷就為你貼

上的標籤。它們有失偏頗，但又影響深遠。

建設性的批評是有益於自身發展的，而持續的、負面的批判會嚴重打擊人的自信心。當一個人本身就不夠自信時，他／她就更容易被這些標籤所影響、被打擊，一蹶不振，甚至開始不斷給自己心理暗示——我放棄改變了，這就是真正的我。

正如帕翠絲・埃文斯（Patricia Evans）在《不要用愛控制我》（*Controlling People*）一書中寫道，「如果我們總接受別人對自己的定義，就會相信他們的評價更加真實」。

煤氣燈人的主要表現

電影《煤氣燈下》中的操控者為了達到自己的目的，會使用一切必要的手段去控制他人。因此，他們往往將自己置於感情中的主導地位，並且希望自己是影響被操縱者的唯一來源。以下是操縱者們可能會在關係中表現出來的 10 點跡象：

1. 較為自戀、以自我為中心。

2. 利用你的弱點進行嘲諷、攻擊，批評你的一舉一動，貶低你的自身價值。

3. 樹立權威，假裝自己無所不知地了解你，甚至試著說服你，你所相信的是錯的，是在進行自我欺騙。

4. 試圖讓你相信，除了他們以外所有人都在欺騙你，會做對你有害的事情。

5. 讓你覺得你的想法和感受並不重要。

6. 使你懷疑自己的理智。

7. 他們並不一直對你很差勁，時不時地會給你一些甜頭，不斷使用正強化和負強化去操縱你迎合他們的要求做事。這種情緒、態度上的不穩定使你感到困惑，並開始質疑一切。

8. 傾向於選擇性記憶，他們有時會否認自己說過的話和做過的承諾。

9. 由於認為自身的形象應是「高大的」，一旦出現問題便推卸責任，並通過撒謊、掩飾等方式將錯誤歸咎於你或者他人。

10. 善於扭曲事實，並給出一個既長、又非常複雜的論證過程使其更有利於證明自己的觀點。

如何避免被煤氣燈操控

那麼，如果遇到了煤氣燈人，我們該怎麼做才能免遭其控制？以及，如何避免我們自己成為一個煤氣燈人？

首先，認清自己，相信第一直覺。

在評價自我時，應堅定立場，相信自己的直覺。他人對於我們的評價往往只是基於部分現象所做出的，能起到輔助和借鑒作用，但並非嚴格的定論。若完全通過別人的觀點來認識自我，只能使得我們對自我的認知更加模糊。

第二，不斷豐富社交圈。

一旦封閉自己，就等於削減了自己的資訊獲取來源，繼而更

容易相信「一家之言」。孤立自己相當於給予別人更多的專斷控制權。因此，我們應讓自己不斷接觸新的朋友、擴大自己的社交圈，接受來自多管道的思想。一旦遇到心理上的疑惑，也可將問題拋給一些我們信任的人，以免在獨自解決問題時鑽牛角尖。

第三，擁有犯錯的勇氣。

大多數被操控的人，都是極度自卑、害怕缺點被暴露於大庭廣眾之下的人。不願自己做決定，也不敢直面事情的結果，因此過於依賴他人的判斷和評價。那麼，首要事項應是認識到人人都是會犯錯的，接受自己的「不完美」。從小事開始，為自己做決定。

第四，學會承擔責任，掌管自己的生活。

記錄下生活瑣事、工作任務、行程安排等，從而做到對自己的生活心中有數。這是一個好習慣。保持生活和工作的井井有條，可避免自己過於依賴他人，輕易使自己陷入混亂危機。

第五，永遠愛自己。

主動發現和記錄自己的優點，哪怕它很小，很容易被忽視。比如，時常告訴自己，「我彈鋼琴彈得很棒」「我抓娃娃技術一流」「雖然這件事我沒做好，但是我在積極尋找補救辦法了」。對於敏感且容易自卑的人來說，學會阿 Q 式精神勝利法未必不是件好事。

第六，尋求專業人士的幫助。

一旦確認自己已經被煤氣燈操控了，我們應盡快、主動地做出一些行動，以打破對方的操控。操控者之所以能夠持續操控，正是因為我們被引導著做出了他們預想的反應，這使他們發現操

控是有效的、能夠達到目的。若我們反其道而行之，不給予他們所要的回饋，則有助於改變這一模式。而當自己沒有辦法完全逃離操縱者的掌控時，請積極尋求外界力量。

最後，如果意識到自己也或多或少存在著類似的情況，並感到內疚。請記住，我們首先應原諒自己——我們並非聖人，也並非主動去施暴——然後立刻、馬上與你的親人朋友等受害者去溝通，請求他們的原諒、向他們尋求幫助。

永遠不要試圖以愛為名義，去合理化情感操縱這一行為。愛應是深深的理解與接受。美國人本主義心理學家卡爾‧羅傑斯（Carl Rogers）曾說：

真正的愛是建立在尊重與平等之上，任何以愛為名的打壓與踐踏都是愛的謊言。

療癒背叛：被出軌的心傷如何恢復

你能接受伴侶的出軌行為嗎？

很久以來，人們都更關注自然災難給人帶來的心理上的創傷，比如地震、海嘯，但有一種心理創傷人們常常避而不談，它帶給人們深刻的傷害，很多人甚至會出現典型的創傷後應激障礙（PTSD），這就是親密關係中的背叛創傷。

信任是欺騙與背叛的前提

在討論親密關係中的欺騙與背叛之前，我們需要釐清一個概念，那就是信任。只有曾經信任過一個人，你才可能在後來被欺騙、被背叛，信任是一個前提。

不同領域的學者們都將對他人的信任視為最核心的社會資產。信任大體上可以分為兩類：一類涉及熟悉的小圈子中的人，稱為「殊化信任」，比如朋友、伴侶、父母；另一類則關乎廣大的不熟悉的人群，稱為「擴散信任」，比如陌生人、權威。

信任是如何產生的？總結學者們的觀點，大概可以看出，信任的建立與認知、喜愛、直覺，甚至對方的威懾力和身分有關。經過思考和判斷，我們相信對方有責任感和能力，相信他們在這段關係之中的善意，信任便漸漸形成。

實際上，當我們決定信任一個人時，也就在無形之中讓渡了自己的許多權利，而其中最核心的就是賦予了對方傷害我們的權利。毫無疑問，這是有風險的，但是由於我們判斷對方不會這樣做，因此將自己的脆弱、利益……統統交付到對方手上。

某種程度上，信任的產生像是在心裡長出一棵盤根錯節的樹。由此，當我們投注在別人身上的善意的信任被踐踏時，往往需要很長時間才能平復，這就是背叛創傷——當我們信任的乃至賴以生存的他人（或組織）傷害了我們的信任感與存在感時，創傷便發生了。

親密關係中的背叛創傷

被任何一個信任的人欺騙，都會讓我們感到痛苦。那麼，如果是最親密的人欺騙並背叛了我們呢？

其實，對於大多數遭遇伴侶背叛的人而言，最深的傷害並不來自於婚外性行為或外遇事件本身，最讓人受傷的是，投注在最親近的人身上的信任和信念被撕碎了。

2006 年的一項研究表明，意外發現愛人不忠的女性，會出現與創傷後應激障礙特點類似的急性應激症狀。此外，在實際工作中，心理諮詢師和相關的研究者也發現，「被背叛」會對一個人產生長期的創傷和影響。如果被背叛的一方以為自己投入了一段健康、有所依戀的關係，那麼出其不意的背叛會帶來極大的傷害。

在親密關係中，因遭遇背叛而出現的典型行為包括下面幾個方面：

- 情緒不穩定：反覆哭泣，在憤怒、悲傷、充滿希望三種狀態間來回切換。
- 敏感易變：不斷地搜集不相關的事件，以證明對方會再次背叛自己，容易被一絲可能的有關背叛的線索誘發，從而進入焦慮、憤怒或恐懼狀態。比如，伴侶晚歸、快速關電腦，或者盯著一個有吸引力的異性太長時間，等等。
- 出現後遺症：失眠、做噩夢、注意力不集中、孤僻、逃避思考和討論創傷（這也是創傷後的常見反應）。
- 出現強迫行為：如強迫性消費、進食、鍛鍊等。

出軌這件事客觀上是不是已經過去了並不重要，只要欺騙開始，遭遇背叛的人就會在各種能反映自身痛苦遭遇的情境中喚起種種反應。除非數年甚至更久時間之後，要麼兩人之間的信任已經重建，要麼斷絕關聯，不然遭遇背叛的人依然可能在各種情況下產生不信任、憤怒、喪失等種種情緒反應。

面對背叛，我們會有哪些反應

對於受害者而言，被背叛不僅是一種傷害，也是一種侮辱，你的判斷、直覺、能力，統統被證明是錯誤的。最重要的是，這份痛苦和喪失並不是來自隨便什麼人，而是來自自以為最值得信

任、最靠得住的那個人。試想一下，你願意將自己最私密的心事分享給最好的朋友，對方承載著你最深刻的情緒和最堅實的意義。突然之間，一切都在謊言、操縱和不在意中停止，將你的情緒世界整個撕碎，這一切無疑是痛苦且無法忍受的。

正是因為背叛這件事情如此殘酷，所以人們大多數時候其實並不肯面對真相，哪怕事後看來是那樣明顯，但在蛛絲馬跡面前，我們寧願相信，對方是愛我的。

遭遇背叛之後的一種情況是，那些猜疑的伴侶們會在很長一段時間中否認現實，認為另一半並沒有欺騙自己或出軌，「他是真的需要工作到半夜」。有時候，面對對方滿滿的謊言、精巧的防禦與偽裝，被欺騙的人甚至認為自己才是問題所在。他們會責備自己，認定是自己不穩定的情緒造成了當前的狀況，「肯定是我太神經質了，太不信任人了」。而這幾乎是另一種變相虐待。就像我們熟知的那些被父母虐待的孩子一樣，他們明明是正確的、沒有犯錯的，但他們的大腦卻否認現實情況，認為一切都是自己的錯。這一切正是創傷產生的基礎。因為與背叛者關係過於親密，遭遇背叛的一方往往被遮蔽了雙眼，成為最後一個知道真相的人。

另一種情況是，當背叛被坐實，遭遇背叛的一方儘管承受著巨大的痛苦與憤怒，也會傾向於認為自己不需要幫助，不需要處理那些情緒。他們認為，是出軌的伴侶造成了這些傷害與痛苦：「該去治療、去尋求幫助的應該是他們！還有那個第三者！」

遭遇背叛的人當然會感到憤怒、懷疑、受傷和困惑。但更重

要的是，他們需要面對自己洶湧的情緒，需要悲憫並哀悼自己因背叛而被撕裂的生活，需要處理因被欺騙而產生的羞恥感，需要修復自己並繼續前行。

還有很多受害者因為遭受的創傷過於巨大，甚至需要非常詳細的情緒指導。例如，如何管理痛苦和憤怒，如何設置合適的邊界，如何處理潛在的健康問題，等等。

如何處理親密關係中的背叛創傷

大部分有關不忠的討論都在關注如何修補親密關係，但其實更重要的，是修復受到創傷的當事人的內心。他們才是需要幫助的人，而關係不是。

下面是能夠幫助到他們的幾個方法：

1. 幫助他們停止指責自己。和許多社會現象一樣，在親密關係裡也會有「譴責受害者」的現象出現。人們會傾向於認為，一定是受害方做了什麼才會遭遇背叛。這也會引得受害方自責，「我一定做了什麼才讓他背叛我」「我是不是太蠢了」「我一定是太天真了」。

2. 停止不間斷的幻想。遭遇背叛的一方會不斷出現強迫性的行為或者想法（這種狀態也出現在 PTSD 的症狀中）， 比如反覆地回想過去的細節。這時候要告訴他，停下來。

當人們遭遇情緒困擾的時候，經常會不斷地回溯細節。這的確會給人帶來一些控制感，但同樣會帶給人一種假想，「如果我以

前做得更好，那麼也可以改變他」。然而事實並非如此，對方的思考和行為你無法改變。

3. 幫助他們清晰地界定什麼是傷害自己感情的行為，想清楚自己的「底線」。如果有可能，和對方溝通達成共識，這是我們唯一能夠做到的。

4. 給他們時間和空間來緬懷和哀悼那些在創傷中失去的東西。曾經以為會相愛到永遠的人卻愛上了別人，遭遇的那一刻，受害方最初的純真、信仰甚至夢想也被偷走了，他們需要重新建構對他人的信任，重新嘗試交流。這是最難的部分，在這個過程中，我們需要給他們多一點耐心。

5. 重建自我和自信。很多時候，人們會用生活中得到的愛衡量自己的價值。但當我們將自身的價值繫於工作、財富或者其他外在之物上時，我們反而更容易覺得自己沒有價值。然而，人們可能會從自己從不敢料想的困境中治癒，接受那些已失去的。發現周圍朋友、家人的那些曾被你忽略的關愛和價值，會更看清自己，更懂得如何與自己相處。

其實，在任何親密的關係裡面，人們都有可能遭遇或輕或重的背叛。在這些時刻，最重要的不是決定是否繼續在一起，延續重要的關係（即便是匪夷所思的傷害，仍然有一些人選擇繼續信任，這是他們自己的決定），而是在經歷喪失與創傷之後，如何看待世界、看待他人、看待自己，如何繼續生活和成長。

囤積安全感：備胎與曖昧是人類的天性

你是否經歷過或正在經歷這樣一段關係？你喜歡一個人，但你們不是情侶。對方總是會回應你，也會和你出去玩，卻從不推進關係，迴避一切可能意味著承諾的行為。當你試圖拉開與對方的距離、讓關係退回到自己感覺舒服的狀態時，對方又會主動來聯絡你，給你一些希望，把你拉回到身邊。

提到「備胎」這個詞，大概很多人都有一個傷心的故事。智商再高、能力再強、再才華橫溢的人，都可能在這個問題上翻車。

「備胎」其實是親密關係中的正常現象

在正式開啟這個話題之前，希望大家暫且收起對過往經歷的回憶，理智冷靜地往下讀。

傑森・迪布林（Jayson Dibble）教授專門研究備胎現象，他給「備胎」（back burner）這個詞下了一個溫和且專業的定義：尚未得到對方的承諾，仍然維持一定程度上的交流，為了將來有可能保持或建立浪漫關係或性關係。在迪布林教授針對美國大學生做的調查中，有 72.9％的學生表示他們至少與一個人保持聯繫，即使已經處於一段關係中，也有 55.6％的人有備胎，單身大學生一般會有六個備胎，而已經有對象的平均會有五個備胎。

此外，這次研究還驚訝地發現，就存有的備胎數量而言，單身者與非單身者之間並沒有顯著差別。也就是說，並不是單身的人備胎就多，非單身者就沒有備胎。即使正在給別人當備胎的人，可能自己也有幾個備胎。

原因也許就在於，備胎關係本身就是人類情感中的一種正常現象。

人為什麼需要備胎

1. 對不確定性的恐懼。

每個人都需要一定的掌控感，然而人生本就充滿不確定性，親密關係也並不總是安全可控的。為了克服這樣的不可控性，避免受到傷害，很多人會選擇用找備胎的方式控制親密關係的走向。

如果我們真的喜歡某個人，但又感覺「即使我真能跟他在一起，最後也很可能會失敗」，就很可能一邊繼續嘗試靠近他，一邊再保持幾份備胎關係，用來彌補失敗的可能。

2. 對依戀感的需求。

需要備胎的人可能是因為對於被愛與陪伴有著大量的需求，於是，他們做出了在別人眼中看起來像是「套路」的行為：只願以最小成本換取最多的親密感，卻不願意做出切實的努力，拒絕承擔真實親密關係中的風險。

3. 網路一線牽。

各種即時通訊的網路應用，讓建立備胎關係變得太過容易。找個備胎，可能只需要發發訊息、給對方臉書、IG 點點讚。

這種便捷性漸漸讓我們習慣於即時滿足，當我們的對象沒有立刻回覆消息時，我們很容易就可以找另一個人聊天，人們在結束一段關係後，會非常希望立刻開始一段新的關係。相比資訊不發達的年代，「找胎」「養胎」「換胎」的成本實在是大大降低了。

為什麼有人願意當備胎

為什麼有人明知自己是備胎，還不肯放棄？

一個很重要的點就在於，多數人不願意放棄「沉沒成本」：當人們發現自己正在經營一段可能失敗、甚至註定失敗的感情時，很可能會繼續追加投入，持續付出。這可能是因為人們存在「自我申辯」的傾向，即試圖合理化自己的付出、為自己的付出作辯解。我們常常不願意承認自己選的人是錯的，難以接受已經付出的精力、情感在沒收到任何結果的情況下忽然終止。在某種程度上，這也類似一種賭徒心態，投入的越多，越想繼續加大投入，總盼著哪次投入能大賺一筆（得到喜歡對象的認可），彌補損失。

此外，當備胎的另一種原因在於人們的原生家庭和成長過程。當一個人從小到大很少感受到來自他人的肯定，經常被壓抑感情，就更容易當備胎，以從中獲取一種被關愛、被需要的體驗。這種情況下，即使對方並沒有表現出太高的熱情，也會讓備胎感受到被回應、被重視。不管是否得到認可，這段關係都會讓備胎得到一份感情寄託，並從中得到安全感。他們害怕離開這段關係後，無法找到另一個感情寄託。一旦點破這種備胎關係，或者讓備胎

主動放棄這段感情，他們很可能因此失去安全感。所以很多人明知自己是備胎，也難以離開一段關係。

備胎關係的裨益

如果我們沉迷於「備胎關係」，究竟會帶來什麼影響呢？也許你已經體驗過一二，但可能還有一些你不知道的影響。

1. 會在下一段關係中變得「不願付出」。

當一個人在一段關係中感受不到「公平」，認為自己總是在付出而沒有回報，他一方面會對付出失去信任，不再相信付出就能得到回應；另一方面，他會希望能在下一段關係中得到補償，透過向另一個人索取，來彌補自己過去沒有得到的愛。

2. 會打擊自尊。

這和歸因方式有關。如果備胎認為「成為備胎」的責任都在自己身上，就會陷入自我懷疑：是不是我不夠好，所以無法在一起。但請記住，關係中的責任都是雙向的，如果是一方不夠好，那其愛慕對象本可以喊停這段關係或是拒絕備胎的付出，但對方並沒有那麼做。

除了上面兩點負面影響，備胎關係還可能帶來一些正面影響。有些備胎可能會在這段感情經歷中，認清自己想要什麼樣的情感關係。比如，想要雙方平等付出，想要得到承諾。他們也開始學會辨識對象，在以後的關係中，有備胎經歷的人可能會更容易分清哪些人是真心付出，哪些人只是把自己當備胎。所以，人

類的浪漫關係遠不止約會、結婚這麼簡單。備胎的本質也可能是不好也不壞的，它可能會有助於我們尋找真正的親密關係。

如何科學無害地處理備胎關係

說了這麼多，那我們到底應當如何對待備胎關係？如何從一段備胎關係中得到最多的成長和收穫呢？

首先，如果你正為自己成了備胎而糾結，或者為自己有備胎而羞愧，你應該認識到，這並不一定是一段完全消極的關係，相反，它反映了親密關係的多樣性。

然後，判斷一下當下的關係是否妨礙了你獲取一段真實的親密關係。倘若這種備胎關係妨礙了真實的親密關係，比如影響你開啟下一段戀情，或者讓你在一段戀情中心神不寧，那不妨思考一下，面對這段備胎關係時，你真正的心理和狀態是什麼？

有說法認為，一段關係的維持有三個要素：滿意度，情感投資，是否有可靠的替代者。備胎的品質越高，代表著可替代的人越可靠，越影響關係。因為社交網路可以隨時隨地和任何人獲取聯繫的特性會不斷提醒你：你有備胎。備胎關係如果是你逃避真實關係的方式，那它很可能是需要改善和逃離的。

從另一個角度來講，假如你很清晰地意識到自己正處於一段備胎關係，這段關係也沒有妨礙你尋找真正的親密關係，那不妨換個心態，盡可能從中發掘它的正面意義。當我們以「認清自己到底想要怎樣的情感」為目的，也許備胎生活也能變得快樂有意義。

感覺適應之敵：愛情也有「最佳賞味期」嗎

「我覺得愛情不像之前那麼甜蜜了。」一個朋友說。

她在 13 個月前遇到了現在的戀人，兩人很快墜入愛河，開始了一段熱烈的戀愛。朋友在去年耶誕節的時候還一臉甜蜜地告訴我，「我很確信這個人就是我的白馬王子」，結果 4 個月後，她開始抱怨這段戀情的濃度不如人意。

愛情的保質期到底有多長？這大概是每個陷入愛情的人都想弄清楚的謎團。有研究者給出過一個答案：18 ～ 30 個月。美國康乃爾大學教授辛蒂‧哈桑（Cindy Hazan）調查了全球來自 37 種不同文化背景的 5000 對愛人。他對這些情侶進行醫學測試和面對面訪談後，得出如下結論：18 ～ 30 個月的時間已經足夠讓男女相識、約會乃至結合和生子。

這一系列過程結束後，戀愛雙方都不會再有心跳及冒汗的情況。哈桑說，愛情其實是大腦中的一種「化學雞尾酒」，是由化學物質多巴胺、苯乙胺和後葉催產素組成。時間長了，人體便會對這三種物質產生抗體，「雞尾酒」便會「過期」。之後，男女要麼分手，要麼便讓愛成為習慣。如果你還相信愛情的話，這個答案或許會讓我們感到失望。

然後我們會做些什麼呢？在一段感情喪失了最初的激情之後，便轉投下一段感情的懷抱？或者勉強自己停留在索然無味的感情

中，一天一天地將愛情過成習慣？

其實，你的愛情也許並沒有發生變化，真正發生變化的是你。

愛情的「費希納定律」

伴侶還是每天臨睡前給你道晚安，你卻覺得少了一些溫柔和熱情。你們還是每次分別之前擁抱，你卻不再臉紅心跳，而是像吃飯刷牙一般平常。你抱怨愛情越來越淡薄，不像最開始的時候那樣充滿激動、甜蜜和興奮。但大多數情況下，愛情沒有發生變化，是你越來越不敏感了。

心理學中，有一種現象叫作「感覺適應」，意思是長期施加同一刺激，你會感覺刺激越來越小。想像一下這樣情景：深夜，你掙扎著從床上爬起來，張開雙眼，眼前卻是一片漆黑，伸手不見五指。過了幾秒鐘，你感覺房間漸漸亮了起來，開始能看清房間裡桌子和衣櫃的輪廓，借著窗戶透進來的星光，你甚至能夠看清身邊物體的顏色。現在，你不用打開電燈，也能夠輕鬆自如地走出房門，而不會一頭撞在牆上了。這就是「感覺適應」的一個例子——對黑暗的適應。

德國心理學家韋伯（Ernst Heinrich Weber）從 1830 年開始，在萊比錫大學圍繞人類的感知能力進行了一系列實驗和研究。韋伯的研究從「肌肉感覺」開始。他找來四名志願者參與實驗，讓他們掂量三套不同重量的物體的重量。比如先把 30 克的體物放在被試者手上，再換成 31 克的物體。兩個物體的重量差是 1 克，此時被試者能

夠分辨出是不同的物體。可一旦換成 60 克和 61 克的物體，被試者便無法分辨，但他們能夠分辨 60 克和 62 克的物體。也就是說，人們能分辨出的增加的重量與原重量的比值是個常數，都是 1/30。

韋伯得出結論：「觀察兩個物件間的差異時，我們所覺察到的不是絕對的差別，而是相對的差別。這是在幾種感官內都曾經得到證實的觀察。」

他的學生費希納（Gustav Theodor Fechner）發展了這一結論。他設計了一系列實驗，用來測量物理刺激的強度及其引起的人的心理變化量。他從研究中總結出了一個公式——人的感覺強度和刺激強度的對數成正比。

這個公式被稱為「費希納定律」。用通俗的語言翻譯一下，就是說，當物理刺激超過一定強度後，人的感覺會越來越麻木。

遺憾的是，費希納定律似乎也適用於愛情。隨著戀愛時間的延長，對方做出相同的愛情行動，你的感覺卻會越來越弱。

回想一下，當喜歡的人第一次送上美麗的鮮花，說出甜蜜的示愛言語，你可能激動得眼泛淚花，心跳不已。但隨著戀愛時間的延長，對方依然付出同樣的時間和精力準備這些愛情的禮物，你的感受卻越來越麻木，沒有了最開始的臉紅心跳。

感覺適應能力是有機體在長期進化過程中形成的。適應機制有助於我們精確地感知外界的事物，從而調整自己的行為。外界環境的變化十分巨大，如在夜晚的星光下和白天的陽光下，亮度相差達百萬倍，如果沒有適應能力，人就無法在變動著的環境中精細地分析外界事物，做出較準確的反應。

但在愛情中，感覺適應卻成了愛情的殺手之一。隨著戀愛時間的延長，我們越來越難以滿足。就算對方始終保持著同樣的感情熱度，我們也會覺得愛情在不斷降溫，最終變得乏味平淡。

愛情如何逃脫「費希納定律」的陷阱

難道就沒有辦法長期保持愛情的濃度嗎？

答案是有的。注意到了嗎？費希納定律只適用於「同一刺激源」。這就帶給了我們一個破解費希納定律的祕訣：在愛情中，不斷引入新的刺激源。

我們為此設計了這幾個聰明的方法：

1. 不定時地給對方創造驚喜。

創造新鮮感的祕訣之一在於，讓對方無法預料到你的行為。當你讓對方產生意料之外的驚訝，你的舉動就會給對方帶來更強大的刺激感。要產生這種效果，你可以不要讓對方預測到你的時間，或者不要讓對方預測到你的動作。心理學家尼基·馬丁內斯（Nikki Martinez）說：「我認為做一些與眾不同的事情很重要。僅僅因為你們在一起很久了這件事本身，就值得你們慶祝這一天並使它變得特別。嘗試一家新餐館，租一間漂亮的酒店房間，一起洗個澡，在臥室裡嘗試你一直不好意思說出口的新事物。」

你可以隨機選擇在某天下班之後，準備一桌浪漫的晚餐，或者使個小壞，在你們共同慶祝生日之前告訴對方來不了，然後在他無比沮喪的時候突然出現。對方可能會驚喜地給你一個大大的

擁抱。你們也可以每週末抽出一天時間，一起去探索城市，共同參與有趣的活動。比如，去嘗試新開的米其林三星餐廳，聆聽小提琴音樂會，參與先鋒藝術家的行為藝術展覽，或者來一次短途旅行。這些方式會讓你們在一起的時候，充滿新鮮的體驗，而你們的感覺會自動將這種美好的感受和對方聯結在一起。

2. 主動學習新事物，讓對方發現你的不一樣。

我們在愛情中，總是十分享受最開始一點點了解對方的過程。這種感覺就像在閱讀一本有趣的書。我們總是充滿好奇，猜想後面還會有什麼不知道的事情。但隨著愛情時間的延長，我們對對方袒露的東西也越來越多，到最後甚至雙方已經沒有彼此不知道的祕密了。這就像我們已經將一本書讀到了盡頭。再好看的書，多讀幾遍、滾瓜爛熟之後，魅力也可能不復當初。

如果能夠持續學習，讓自己總在成長，總在學習新的技能和思維，我們便是在不斷續寫自己這本書。還要提醒自己，主動讓對方感受到我們發生的新變化， 比如提升到了新的崗位，就可以順便和對方聊聊自己的新工作和新的思考，學會了做一道新菜，那麼不妨在對方面前小露一手。讓對方持續去追看一個沒有完稿的故事，對方才會充滿興趣，熱衷閱讀你這本永遠在續寫的書。

3. 在積極溝通中加深對彼此的了解。

溝通在親密關係中有著極其重要的作用。對伴侶們來說，無論是言語溝通還是非言語溝通，它們的效果積極與否，都將對親密關係產生巨大的影響。

很多研究表明，在取得了自我表露和尊重隱私之間健康平衡

的條件下，言語溝通中的自我表露與吸引力、親密感、幸福感的程度呈現正相關。非言語溝通在親密關係中同樣有著重要的作用，有研究者認為，伴侶們運用非言語溝通的敏感性和準確度能預測他們在親密關係中的幸福程度。

那麼，什麼樣的溝通方式會讓伴侶感到滿意舒適呢？人際溝通專家丹・卡納里（Dan Canary）和勞拉・斯塔福德（Laura Stafford）從數百篇研究報告（包括 500 篇大學生的學期論文）中總結出了以下十點：

1. 積極性：努力表現得快樂，舉止優雅，嘗試使親密交往令人愉快。

2. 開放：鼓勵對方表露想法和情感，尋求討論親密關係的機會。

3. 保證：強調自己對對方的忠誠，暗示親密關係有著美好的未來。

4. 共有社交網路：關注伴侶雙方共同的朋友和社會關係，表示願意與對方的朋友或家人共事。

5. 分擔任務：公平地分擔需要完成的任務，在必須完成的任務中承擔自己的那部分。

6. 共同活動：花時間與對方待在一起，一起進行日常的活動。

7. 支持：尋求對方的建議，日子艱難時要互相安慰。

8. 衝突管理：犯錯時要向對方道歉，對伴侶有耐心並諒解對方。

9. 迴避：避免討論某些話題，尊重彼此的隱私和獨處的需要。

10. 幽默：直呼對方有趣的外號，小小地捉弄對方。

4. 保持忠誠會讓你們更親密。

相互依賴理論認為，人際交往的本質是社會交換。真正影響我們對一段親密關係評價的是期望收益（即對這段關係的期望）和替代收益（即在其他關係中是否會比現在更好）水準。根據這兩種水準的不同，研究者們發現，維持幸福和穩定的關係在於雙方當前關係既超越了期望收益水準，也超越了替代收益水準，即當前親密關係結果既高於期望，也比從別處能得到的結果好。這實際上不僅強調了這段親密關係本身帶給雙方的滿意程度，也強調了與其他可能發生的親密關係的比較。因此，保持忠誠便成了支持相互依賴理論的研究者們眼中維持親密關係的核心。

當人們忠誠於自己的親密關係時，他們的認知會發生很多變化：首先，認知上的相互依賴現象會出現，這使得人們的自我定義產生變化，如用「我們」代替「我」等。其次，在行為上，人們也會為了維持親密關係而做出改變，包括表現出犧牲的意願。比如，為了提升伴侶或親密關係的幸福指數做自己不想做的事，克制自己的欲望；控制衝動，忍受對方的一些挑釁行為，不以同樣方式對伴侶進行反擊，等等。

親密關係的維護並不是一件容易的事情，但對彼此的愛意和對這段關係的珍視，值得我們為之付出努力。

尾聲 人要被好好愛過，才有能力愛自己

到了書的最後，讓我們再來更具象地聊聊「愛自己」這件事。

讓我們先從《小美人魚》這個童話故事開始：小美人魚愛上王子，於是她與海巫師交易，用自己的歌喉換成雙腿。但王子仍然沒有愛上她。三天之後，美人魚變成泡泡消失了。但在這三天裡，海巫師再次和她提了一個交易：只要美人魚殺掉王子，她就可以活下來。但是小美人魚沒有選擇殺掉王子，她選擇了自己消失。

如果單從這個角度看，很容易讓人覺得小美人魚不愛自己，不僅沒有獲得愛情，還失去了自己。但我特別想帶你從另外一個角度去看：為什麼小美人魚其實非常懂得「愛自己」。

當美人魚愛上了王子，她就主動去追求。儘管她並不知道對方是什麼樣子，也不知道他會不會喜歡自己，但是依然決定去勇敢追求自己想要的東西。當她發現王子不愛她，甚至王子和她想像的不一樣時，小美人魚選擇不去傷害他人，信守自己的承諾。

她始終在為自己的人生做選擇、付出努力和承擔責任。儘管世事十有八九並不如意，但正是這樣努力和負責的過程，使得一個人逐漸在社會化的過程中，內在的自我更加有力。

人的快樂並不來自於滿足「欲望」——尤其是「欲望」和我們以為自己喜愛的人或事物，並不一定於我們真實有益。然而去努力追求獲得，並承擔責任的過程尤其珍貴。它能夠使我們對自己的內在有更多的覺察和認識，並在承擔責任的過程中對於自我獲得更堅實的信心。

　　這就是「愛自己」的意義了。

　　我們的編輯同事仍覺得抽象，進一步和我聊了聊八個關於愛的問題，我放在下面：

　　1. 人一定要愛自己嗎？

　　一個人有能力愛自己是珍貴和稀少的，大部分人都不能。這與社會和環境因素都有關係。比如東方是恥感的文化，需要你更愛大家和集體。羞恥感本身就是要殺掉一部分你的「愛自己」，你才能從為集體犧牲和付出中獲得意義感。

　　所以在不定義語境下來定義「愛自己」是不公平的。愛大我也是愛，愛小我也是愛。各自有其好處，也各有其要支付的代價。

　　2. 一個真正愛自己的人，有什麼特質？

　　「真正愛自己」這個描述方法有些偏執了——就好像我們這些凡人，對自己有那麼一點點的愛，但還不足以到「真正愛自己」、還要為此感到羞恥似的。

　　其實大多數人都不怎麼愛自己—— 哪怕是那些看起來是「超級自戀狂」的人。他們也痛苦，就是因為內在有痛苦感，才要用他人來填補自己內在的疼痛。

　　能愛自己是稀少且珍貴，但是可以透過練習而獲得的能力。

如果我講得更理論化一點：這個人有穩定的自我價值體系，對自己有穩定的自我評價。即便他們與所在社會環境的「主流價值體系」有所不同，也不會因此而感到羞恥，不會非要去改變自我或改變環境。

他／她能夠為自己做選擇，並為此承擔責任和代價。你和他／她相處起來大體是舒適的，因為他／她在自己的身體裡感到舒適。我更年輕的時候覺得這個很難，但到現在我的想法發生了一些變化：因為如果你不那麼愛自己，生活會不斷地給你教訓——它帶來的痛苦足夠多，時間足夠長，很多人也被生活逼到了牆角，也就愛誰誰了。人生太難，不為難自己為佳。

3. 如何看待「愛自己＝買東西／想幹嘛幹嘛」這類特別具象化的答案？

這麼說也沒有錯，但是不完整：後面還要加上一個，「為自己的行為承擔責任」。

因為愛是個複雜的詞彙，它並不以滿足「欲望」為唯一目的。小孩子才會覺得只是吃好吃的、玩好玩的，生活就會永遠快樂下去。但是如果你從這裡開始也沒問題——只要你準備好了承擔相應的責任和支付應有的代價。

比如你可能會很快發現只吃糖和油炸食物，身體會支付代價；你就會重新考慮是否願意為了健康帶來的舒適感，自願捨棄一些對於高熱量的欲望。所以如果要愛，無論是愛他人還是愛自己，都要讓這個主體為自己承擔責任。

4. 人人都有「不喜歡」自己的時刻，這和愛自己是否衝突？

不衝突。

愛是複雜和深厚的情感，它是有彈性和厚度的。你會為自己做的事情感到歉疚、惱火、生自己的氣；但是它並不會影響本質上你對自己的認知——比如我是不是一個「可以被愛」「值得被愛」的人。

在「愛」這個彈簧床上，你有時候更喜歡自己一些，有時候討厭甚至憎惡自己一些。但正是它的複雜和豐富，驅使你去做行為上的改變、付出努力。「愛」中的自我反思帶來生長。

5. 現在有句很流行的話叫「自愛沉穩，而後愛人」：人要先愛自己，再愛別人——這兩者真的存在先後順序嗎？

真正存在順序的是：一個人先有被愛過／體驗過被愛的感受，她／他就能發展出愛自己的能力；然後在和他人相處的時候，也自然地會愛別人。

當然世界上並非事事完美。實際上我們在沒有學會愛自己的時候，已經進入了很多關係——和朋友的關係、和家庭的關係、和陌生人的關係。我們是在不同的關係中學習如何愛自己的。我們遇見的人中，有人愛我們，有人不愛——這當然是正常的，甚至也和我們自己好不好毫無關係。很多是運氣使然。

我們可以做的是，每次都儘量選擇那些能夠使你感受到善意和支持的關係，在這些關係中，你能感到自己被愛和值得被愛；離開使你感到不適的關係，不允許它們來傷害你對於自我的認識和信心；也盡可能在關係中給予他人善意和支援，身邊的愛多一點，我們的生活就會更好一點。

6. 愛情能夠發生，是因為「愛對方比愛自己要多」嗎？

我覺得世界上只有孩子愛父母，是愛對方比愛自己要多。孩子無論如何叛逆和反抗，他們總是忠於父母的。父母對於孩子的愛之中，有更多的非主觀意願上的殘缺；是因為成年人更多被破壞的自我，不能滿足的願望和欲望，身不由己和人間悲劇。

愛情就完全是另外一個故事了。愛情能夠發生，只是因為一個人想戀愛了。一個人不想戀愛，就沒有愛情能夠發生。

7. 我可以做點什麼來愛自己？

我們來說「自戀」這個詞。這個詞是個中性詞，描述的就是：

我喜不喜歡自己，有多喜歡自己。我覺得我自己是「可以被愛」的嗎？在我的眼中，別人是否樂意「愛我」？所以你看，「愛自己」的意思是，你內在是否真的感覺自己有價值，值得他人喜愛。至於做什麼——如果你打心裡覺得自己是可愛的，你做什麼都可以。

如果你覺得自己不那麼可愛——比如總是感覺被忽視，需要付出很多努力才能獲得愛，總覺得不值得被愛所以總是拒絕生活中好事情的發生——其實這是很多人都會出現的問題，我有兩個非常簡單的建議：

第一，生活中儘量去做那些真正令自己高興，而不是令他人高興的事情。見令自己感到被愛和被情感上支持的人。

第二，一直做下去，直到自己覺得享受和舒適。「愛自己」是一件動態的、可以練習，也需要練習的能力。

8. 愛自己是否是一種終身的工作？

是。但是一旦你學會了愛自己，就很難再不愛了。人年紀大的好處是更可能知道自己生活的重點，臉皮也隨之增長起來。愛自己會越來越容易。

總的來說，愛自己是一個能力，而且是一個非常複雜的能力。它意味著我們對自己有相對清楚的了解和理解，在此基礎上，我們能夠承擔責任和代價。

從人格健康層面上來講，我們有相對穩定的自我價值系統。

一個人要對自己有穩定的自我評價，不為外界的聲音和表達而改變。比如當一個人經歷糟糕的事情，可能會覺得他這件事情沒做好，但不會感到自己很糟。這套價值體系相對成熟的人，無論他的價值體系和他所處的文化以及父母給他的價值體系是否一致，他都能允許自己的價值體系獨立存在。這就意味著他不會犧牲自己去討好別的價值體系。

在這個基礎上，我們就一定有能力愛自己，能夠接受自己。當我們有相對確定的自我認識和對整個世界的認識，就算遇到糟糕的親密關係，我們的心理狀態也是有彈性的，人是有能力喜歡自己、有能力去喜歡別人和給予別人愛的。

最後，祝你無論遇見善意、兇險或是試探，你內在的感受常被看見、接納和被善意對待。請記得常常愛自己。

簡里里

簡單心理創始人 & CEO

參考文獻

The Diagnostic and Statistical Manual of Mental Disorders. Fifth Edition. American Psychiatric Association .

Higgins, E. T. (1987). Self-discrepancy: A theory relating self and affect, Psychological Review, 94, 319–340 .

Mead,G. H., &Morris, C. W. (1955). Mind, self, and society: from the standpoint of a social behaviorist. Chicago: Univ. of Chicago Press.

Tice, D. M., & Baumeister, R. F. (1997). Longitudinal study of procrastination, performance, stress, and health: The costs and benefits of dawdling. Psychological Science.

Shawn T. Smith(2011), The User's Guide to the Human Mind : Why Our Brains Make Us Unhappy, Anxious, and Neurotic and What We Can Do about It，New Harbinger Publications .

Sirois&Pychyl (2013), Procrastination and the Priority of Short-Term Mood Regulation: Consequences for Future Self, Social and Personality Psychology Compass.

Wohletal. (201). I forgive myself, now I can study: How self-forgiveness for procrastinating can reduce future procrastination. Personality and Individual Differences.

Perry, J .(2012). The Art of Procrastination: A Guide to Effective Dawdling, Lollygagging and Postponing .

Michael H Kernis (2005), Measuring self-esteem in context: the importance of stability of self-esteem in psychological functioning Journal of personality.

Jennifer Crocker et al. (2006), The pursuit of self-esteem: contingencies of self-worth and self-regulation. Journal of personality.

Andreasen, N. C. (1987), Creativity and mental illness. American journal of Psychiatry, 144 (10), 1288- 1292 .

Ball, J. R. et al. (2006), A randomized controlled trial of cognitive therapy for bipolar disorder: focus on long-termchange. The Journal of clinical psychiatry, 67 (2), 277-286.

Gale, C. R., Battyetal. (2013). Is bipolar disorder more common in highly intelligent people? A cohort study of a million men. Molecular psychiatry, 18 (2), 190-194.

Salvadore, G. etal. (2010). The neurobiology of the switch process in bipolar disorder: areview. The Journal of clinical psychiatry, 71(11), 1488- 1501.

Zammit, S. et al.(2004). A longitudinal study of premorbid IQ score and risk of developing schizophrenia, bipolar disorder, severe depression, and other nonaffective psychoses. Archives of general psychiatry, 61(4), 354-360 .

Wooldridge, T. , & Lytle, P. P. (2012). An overview of anorexia nervosa in males. Eating Disorders, 20 (5), 368-378.

Lewis, D .M., & Cachelin, F. M. (2001). Body image, body dissatisfaction, and eating attitudes in midlife and elderly women. EatingDisorders, 9 (1), 29-39.

Neumark-Sztainer et al. (2006). Prevention of body dissatisfaction and disordered eating: what next?. Eating Disorders the Journal of Treatment & Prevention, 14 (4), 265-285 .

Weltzin, T.E. et al. (2012). Treatment issues and outcomes for males with eating disorders. Eating Disorders, 20(20), 444-459.

Brewerton, T. D. (2007). Eating disorders, trauma, and comorbidity: focus on ptsd. Eating Disorders, 15(4), 285-304.

Holzer, S. R. etal. (2008). Mediational significance of ptsd in the relationship of sexual trauma and eating disorders. Child Abuse & Neglect the International Journal,

32（5），561-566．

Jean L. Kristeller, & Ruth Q. Wolever. (2011). Mindfulness-based eating awareness training for treating binge eating disorder : the conceptual foundation. Eating Disorders, 19 (1), 49-61.

Sarah M. Bankoff et al. (2012). A systematic review of dialectical behavior therapy for the treatment of eating disorders. Eating Disorders, 20 (3), 196-215.

Lenz, A. S. e tal. (2014). Effectiveness of dialectical behavior therapy for treating eating disorders. Journal of Counseling & Development, 92 (1), 26–35.

Nina W. Brown.(2002). Parental Destructive Narcissism. The journal of Illinois Institute for Addiction Recovery.

McAdams, D. P. (199). What do we know when we know a person? Journal of Personality. 63 (3) : 365–395.

McAdams, D. P. & McLean, K. C. (201). Narrative Identity. Current Directions in Psychological Science, 22 (3), 233-238.

Sanner, C. M. , & Neece, C. L . (2017). Parental Distress and Child Behavior Problems: Parenting Behaviors as Mediators. Journal of Child and Family Studies, 1-11.

Winnicott, D. W. (1971) 11. Contemporary Concepts of Adolescent Development and theirImplications for Higher Education. Playingand Reality 17:138- 150.

Judith Trowell, Alicia Etchegoyen (2001) The Importance of Fathers : A Psychoanalytic Re-evaluation. Family & Relationships.

Diamond, M. J. (2007). My father before me: How fathers and sons influence each other throughout their lives. W W Norton & Co.

Diamond, M. J. (2017). Recovering the Father in Mind and Flesh : History, Triadic Functioning, and Developmental Implications. The Psychoanalytic Quarterly, 86 (2), 297–334.

Campbell, W. K et al. (2006). A magneto encephalography investigation of neural correlates for social exclusion and self-control. Social Neuroscience, 1, 124-134.

Eisenberger, N. I., Lieberman, M.D., & Williams, K. D. (2003). Does rejection hurt? An FMRI study of social exclusion. Science, 302, 290-292.

Sharon, H. K. et al. (2012). Outside advantage: Can social rejection fuel creative thought? Journal of Experimental Psychology : General, 142, 605-611.

Twenge, J. M. et al. (2007). Social exclusion decreases prosocial behavior. Journal of Personality and Social Psychology, 92, 56-66.

Wesselmann, E. D., et al. (2012). "To be looked at as though air" : Civil attention matters. Psychological Science, 23, 166- 168.

Hartling, L. M., & Luchetta, T. (1999). Humiliation : Assessing the impact of derision, degradation, and debasement. The Journal of Primary Prevention, 19(4), 259-278.

Thomaes, S. et al. (2011). Turning shame inside-out : "humiliatedfury" in young adolescents. Emotion, 11(4), 786.

Rothschild, Z. K. et al. (2012). Adual-motive model of scapegoating: Displacing blame to reduce guilt or increase control. Journa of Personality and Social Psychology, 102(6), 1148- 1163.

Stines, S. (2016). Are you the Designated Scapegoat?. Psych Central. Retrieved on May 18, 2017.

Schanz, C. G. et al. (2021). Development and Psychometric Properties of the Test of Passive Aggression. Frontiers in psychology, 12, 579183.

Maia J. Young, Larissa Z. Tiedens, Heajung Jung and Ming-HongTsai (2011). Mad enough to see the other side : Anger and the search for disconfirming information, Cognition And Emotion, 25(1), pp. 10-21.

Berne, E. (2016). Transactional analysis in psychotherapy : Asystematic individual and social psychiatry. Pickle Partners Publishing.

Berne, E. (2011). Games people play : The basic handbook of transactional analysis. Tantor eBooks.

Huddy, L., & Terkildsen, N. (199). Gender stereotypes and the perception of male and female candidates. American Journal of Political Science, 119- 147.

Moss-Racusin et al., (2012). Sciencefaculty's subtle gender biases favor male students. Proceedings of the National Academy of Sciences, 109 (41), 16474- 16479.

Warner. C. (2017). This Viral Twitter Thread About Two Coworkers Who Swapped Names At Work Shows How Subtle Workplace Sexism Can Be. Bustle.

Calogero, R. M. (2004). A test of objectification theory: the effect of the male gaze on appearance concerns in college women. Psychology of Women Quarterly, 28(1), 16-21.

Fredrickson, B. L., & Roberts, T. A. (1997). Objectification theory. Psychology of Women Quarterly, 21(2), 173-206.

Fredrickson, B. L., Roberts, T. A., Noll, S. M., Quinn, D. M., & Twenge, J. M. (1998). That swimsuit becomes you: sex differences in self-objectification, restrained eating, and math performance. Journal of Personality & Social Psychology, 75(1), 269.

Webb, H. J. et al. (2017). "Pretty pressure" from peers, parents, and the media : a longitudinal study of appearance-based rejection sensitivity. Journal of Research on Adolescence.

L. R. Petersenetal., Secularization and the Influence of Religionon Beliefs about PremaritalSex, Social Forces, 1997.

B. Finer, Trends in Premarital Sexinthe UnitedStates, 1954–2003, Public Health Reports, 2007.

W. Guo et al., The Timing of Sexual Debut Among Chinese Youth, International Perspectives on Sexual and Reproductive Health, 2012.

Anthony Bogaert. Asexuality: WhatItIs and Why It Matters. The Journal of Sex Research. 21 Apr 2015.

Hara Estroff Marano. (2016). Jealousy : Love' sdestroyer. Psychology Today.

Neal, A. M., & Lemay, E. P. (2014). How partners' temptation leads totheir heightened commitment The interpersonal regulation of infidelity threats. Journal of Social and Personal Relationships, 31(7), 938-957.

Slotter, E. B., Lucas, G. M., Jakubiak, B., & Lasslett, H. (2013). Changing Me to Keep You State Jealousy Promotes Perceiving Similarity Betweenthe Self and a

Romantic Rival. Personality and Social PsychologyBulletin.

Stephanie, M.S. (2018). Gaslightin : Recognize Manipulative and Emotionally Abusive People -and BreakFree. Da Capo Press.

Evans, P. (200). How to Recognize, Understand, and Deal with People Who Try to Control You. Adams Media.

Barton, R. & Whitehead, J. A. (1969) The gaslight phenomenon. Lancet, 1(7608) : 1258- 1260.

Gass, G. Z. & Nichols, W. C. (1988). Gaslighting : A marital syndrome. Contemporary Family Therapy, 10 (1) : 3- 16.

Alexia. (2015). What really determines if you will remain friends with your EX. Elite Daily.

Busboom. (2002). Can we still be friends? Resources and barriers to friendship quality after romantic relationship dissolution. Persona lrelationship, 9 (2), 215-223.

Metts. (1989). I Love You Too Much to Ever Start LikingYou : Redefining Romantic Relationships. Journal of Social and Personal Relationships. 6,259-274.

Tan. (2015). Committedtous : Predicting relationship closeness following nonmarital romantic relationship breakup. Journal of Social and Personal Relationships, 32 (4), 456-471.

【法】西蒙娜·德·波伏娃，《第二性》，2004 年 4 月，中國書籍出版社潘綏銘，黃盈盈，《性之變：21 世紀中國人的性生活》，2013 年 8 月，中國人民大學出版社

【意】魯格·肇嘉，《父性》，2018 年 9 月，世界圖書出版公司

【法】克斯斯托夫·安德列，弗朗索瓦·勒洛爾，《恰如其分的自尊》，2015 年 8 月，三聯書店

【美】簡·博克，《拖延心理學》，2009 年 12 月，中國人民大學出版社

【美】尼爾·菲奧裡，《戰勝拖拉》，2013 年 11 月，東方出版社

簡單心理：向內看見

作　　　者 / 簡單心理
主　　　編 / 蔡月薰
企　　　劃 / 蔡雨庭
封面設計 / 楊雅屏
內頁編排 / 郭子伶

總編輯 / 梁芳春
董事長 / 趙政岷
出版者 / 時報文化出版企業股份有限公司
108019 台北市和平西路三段 240 號 7 樓
發行專線 / (02)2306-6842
讀者服務專線 / 0800-231-705、(02)2304-7103
讀者服務傳真 / (02)2304-6858
郵撥 / 1934-4724 時報文化出版公司
信箱 / 10899 台北華江橋郵局第 99 號信箱
時報悅讀網 / www.readingtimes.com.tw
電子郵件信箱 / books@readingtimes.com.tw
法律顧問 / 理律法律事務所 陳長文律師、李念祖律師
印　刷 / 勁達印刷有限公司
初版一刷 / 2023 年 12 月 15 日
定　　　價 / 新台幣 380 元

時報文化出版公司成立於一九七五年，並於一九九九年股票上櫃公開發行，
於二〇〇八年脫離中時集團非屬旺中，以「尊重智慧與創意的文化事業」為信念。

簡單心理：向內看見 / 簡單心理作 . -- 初版 . -- 臺北市：時報文化
出版企業股份有限公司 , 2023.12
　面；　公分
ISBN 978-626-374-595-7(平裝)

1.CST: 自我實現 2.CST: 生活指導 3.CST: 心理治療

177.2　　　　　　　　　　　　　　　112018560